KAKO POSTATI DENAR?

Delovni zvezek

ACCESS CONSCIOUSNESS®

„Vse življenje prihaja k nam lahkotno, radostno in veličastno.™ "

Gary M. Douglas

Kazalo vsebine

Uvod

Gary Douglas (ustanovitelj Access Consciousnessa®) je v izvirniku kanaliziral te informacije od bitja, imenovanega Raz. Gary ne kanalizira več. To je prepis delavnice, ki je potekala v živo.

Access vam omogoča spoznati, da veste. Govori o zavedanju. Vi ste tisti, ki veste, kaj je prav za vas.

Prosimo, uporabite to knjigo kot orodje, da omilite nore in omejene poglede, ki ste jih ustvarili v zvezi z denarjem, in ustvarite več lahkotnosti v svojem življenju in bivanju z veliko več denarja in gotovinskimi tokovi.

Za več informacij o Access Consciousness® in več izdelkih ter delavnicah o vseh temah življenja – poslu, denarju, odnosih, seksu, magiji, telesih in več – prosimo, obiščite našo spletno stran. Lahko se nam pridružite tudi na naši Facebookovi strani. Naredite in bodite, karkoli je potrebno, da ustvarite in generirate SVOJE življenje in bivanje kot več, kar ste kadarkoli zaznali kot mogoče.

www.accessconsciousness.com

PREPIS DELAVNICE, NA KATERI JE GARY DOUGLAS KANALIZIRAL BITJE, IMENOVANO RAZ.

Gary: Delavnica o denarju bo zame nova izkušnja. Ne vem, kako bo za vas. Zagotovite, da boste imeli vsi zvezke, pisala ali svinčnike, karkoli boste uporabili. Tu boste imeli nocoj precej dela. Od tega malega, kar mi je dal Raz, se bo dogajalo veliko. Še enkrat ponavljam, prosil bo, da prostovoljec stopi pred občinstvo in predstavlja ogledalo tukaj prisotnim. Torej, če vam je to težko, se ogrnite z odejo, tako da vas ne bo mogel videti, drugače bo poklical prav vas. Naj vas ne bo sram v zvezi s čimerkoli, kar se bo dogajalo tu. Resnično je, da tu ni osebe, ki ne bi imela točno takšne težave kot vi v takšni ali drugačni obliki. Nobene razlike ne predstavlja, ali imate milijon dolarjev ali petdeset centov, izzivi z denarjem so težki za vsakogar. Okej? Torej, gremo.

Vprašanja v delovnem zvezku

Nocoj bomo govorili o tem, kako **BITI** denar. To, kar ste, je energija. To, kar boste, je energija in to, kar ste bili, je bila energija. Denar je energija.

Ko boste nocoj odgovarjali na vprašanja, ki vas jih bomo spraševali, se zavedajte, da iskrenost vaših odgovorov nima nič z drugimi ljudmi okoli vas, temveč z vami. Vsak pogled, ki ste ga ustvarili v zvezi z denarjem, ustvarja omejitve in parametre, na kakšen način ga prejemate.

Vse, kar ustvarjate, ustvarjajo drugi. Bodite popolnoma iskreni s sabo. V nasprotnem primeru goljufate le sebe; vsi drugi bodo tako ali tako vedeli za vaše skrivnosti.

Prosimo, zapomnite si – predmet, s katerim se bomo sedaj ukvarjali, ni ravno lahek, pa bi moral biti. Lahkotnost je zabavna, je šala, lahko se smejete, prav je tako. Torej, bodite pripravljeni, da ste raz-svetljena bitja, kar ste.

Če s tem resnično želite doseči rezultate, je najbolje, da v tem delu odgovorite na vsa vprašanja in se potem premaknete na naslednje poglavje.

Rasputin: 'Čer

Študenti: Dober večer, Rasputin.

R: Kako ste? Nocoj bomo torej govorili o stvari, ki vam je najbolj pri srcu, o denarju. Za vsakega med vami denar ni tisti izziv, za katerega menite, da je, vendar vam bomo pomagali, da se boste pričeli učiti, kako biti kos denarju – ne iz trenutka v trenutek, temveč kot dopuščanje obilja, ki je resnica tega, kar ste.

Torej, začeli bomo. Sprašujemo vas: Kaj je denar? Napišite tri odgovore, kaj je denar za vas. Ne pišite tega, kar menite, da bi denar moral biti, ne pišite „pravilnih" odgovorov, ker kaj takšnega ne obstaja. Pustite svojim možganom, da odplavajo, in dopustite, da je odgovor tisto, kar je resnica za vas v tem trenutku. Torej, tri stvari, ki so za vas denar.

PRVO VPRAŠANJE: Kaj je denar?

1. odgovor:

_____
_____
_____
_____

2. odgovor:

_____
_____
_____
_____

3. odgovor:

_____
_____
_____
_____

Okej, ste vsi pripravljeni? Drugo vprašanje je: Kaj vam denar pomeni? Napišite tri odgovore.

DRUGO VPRAŠANJE: Kaj vam denar pomeni?

1. odgovor:

_____

_____

_____

_____

2. odgovor:

_____

_____

_____

_____

3. odgovor:

_____

_____

_____

_____

Tretje vprašanje: Katera tri čustva imate, ko pomislite na denar?

TRETJE VPRAŠANJE: Katera tri čustva imate, ko pomislite na denar?

1. odgovor:

_____

_____

_____

_____

2. odgovor:

_____

_____

_____

_____

3. odgovor:

_____

_____

_____

_____

Sedaj četrto vprašanje: Kako je za vas čutiti denar? Trije odgovori. Kako je čutiti denar?

ČETRTO VPRAŠANJE: Kako je za vas čutiti denar?

1. odgovor:

_____

_____

_____

_____

2. odgovor:

_____

_____

_____

_____

3. odgovor:

_____

_____

_____

_____

Naslednje vprašanje: Kako vam je denar videti?

PETO VPRAŠANJE: Kako vam je denar videti?

1. odgovor:

_____
_____
_____
_____

2. odgovor:

_____
_____
_____
_____

3. odgovor:

_____
_____
_____
_____

Ste vsi pripravljeni? Naslednje vprašanje: Kako vi okusite denar? Začutite ga v svojih ustih. Kakšen okus ima? Večina med vami ni imela denarja v ustih, odkar ste bili majhni, zato lahko to uporabite kot referenčno točko.

ŠESTO VPRAŠANJE: Kako vi okusite denar?

1. odgovor:

_____
_____
_____
_____

2. odgovor:

_____
_____
_____
_____

3. odgovor:

_____
_____
_____
_____

Naslednje vprašanje. Ste vsi pripravljeni? Naslednje vprašanje je: Ko vidite, da denar prihaja k vam, s katere strani ga čutite prihajati? Z desne, leve, od zadaj, spredaj, zgoraj, spodaj, od vsepovsod? Od kod ga vidite, da prihaja?

SEDMO VPRAŠANJE: Ko vidite, da denar prihaja k vam, s katere strani ga čutite prihajati?

1. odgovor:

_____
_____
_____
_____

2. odgovor:

_____
_____
_____
_____

3. odgovor:

_____
_____
_____
_____

Okej, naslednje vprašanje: Ali v zvezi z denarjem čutite, da imate več kot potrebujete ali manj kot potrebujete?

OSMO VPRAŠANJE: Ali v zvezi z denarjem čutite, da ga imate več kot potrebujete ali manj kot potrebujete?

1. odgovor:

_____
_____
_____
_____

2. odgovor:

_____
_____
_____
_____

3. odgovor:

_____
_____
_____
_____

Naslednje vprašanje: V zvezi z denarjem – ko zaprete oči, kakšne barve je in koliko dimenzij ima?

DEVETO VPRAŠANJE: V zvezi z denarjem – ko zaprete oči, kakšne barve je in koliko dimenzij ima?

1. odgovor:

_____
_____
_____
_____

2. odgovor:

_____
_____
_____
_____

3. odgovor:

_____
_____
_____
_____

DESETO VPRAŠANJE: Kaj je lažje v zvezi z denarjem – pritok ali odtok?

1. odgovor:

_____

_____

_____

_____

2. odgovor:

_____

_____

_____

_____

3. odgovor:

_____

_____

_____

_____

Naslednje vprašanje: Katere so tri vaše najhujše težave z denarjem?

ENAJSTO VPRAŠANJE: Katere so tri vaše najhujše težave z denarjem?

1. odgovor:

_____
_____
_____
_____

2. odgovor:

_____
_____
_____
_____

3. odgovor:

_____
_____
_____
_____

Naslednje vprašanje: Česa imate več – denarja ali dolgov?

DVANAJSTO VPRAŠANJE: Česa imate več – denarja ali dolgov?

Odgovor:

_____

_____

_____

Dali vam bomo še eno vprašanje: V zvezi z denarjem– da bi imeli obilje denarja v svojem življenju, katere tri stvari bi bile rešitev vaše trenutne finančne situacije?

TRINAJSTO VPRAŠANJE: V zvezi z denarjem– da bi imeli obilje denarja v svojem življenju, katere tri stvari bi bile rešitev vaše trenutne finančne situacije?

1. odgovor:

_____

_____

_____

_____

2. odgovor:

_____

_____

_____

_____

3. odgovor:

_____

_____

_____

_____

Okej, imate vsi svoje odgovore? Ali kdo nima odgovorov? Dobro, sedaj pojdite na začetek strani, preberite odgovore in se vprašajte, če ste bili popolnoma iskreni s sabo v zvezi z odgovori in če so to odgovori, ki jih želite imeti na listu. Če niso, jih spremenite.

Preberite svoje odgovore in se odločite, če ste jih iskreno oblikovali, iskreno do sebe. Ni pravih niti napačnih odgovorov, so samo pogledi; to je vse, kar je, pogledi. In so omejitve, iz katerih ustvarjate svoje življenje. Če delujete iz tega, kar je kozmično pravilen odgovor, niste pošteni do sebe. Če bi bili, bi bilo vaše življenje dokaj drugačno.

Kaj je denar? Za nekatere so denar avtomobili, za nekatere hiše, za nekatere je denar varnost, za nekatere je denar izmenjava energije. Pa vendar, ali je vse te stvari? Ne, ni. Denar je energija, kot ste tudi vi. Med vami in denarjem ni razlike, razen pogledov, ki jih imate v zvezi z njim. In te poglede v zvezi z denarjem imate, ker ste jih kupili od drugih.

Če želite spremeniti svojo finančno situacijo, če želite spremeniti to, kar je denar v vašem življenju, potem se morate naučiti biti v **dopuščanju** v vseh stvareh. Še posebej pa morate takrat, ko vam nekdo predaja pogled o denarju, pogledati, če je to za vas res. Če je res, potem se usklajujete in strinjate in ga naredite trdnega. Če ta pogled za vas ni res, potem se ali upirate ali reagirate in ga ponovno naredite trdnega. Celo vaši lastni pogledi ne potrebujejo strinjanja, biti morajo le zanimivi pogledi.

Kar ste, kar bi imeli, morate BITI. Tega, kar nimate v sebi, sploh ne morete imeti. Če vidite denar kot nekaj, kar je zunaj vas, ga ne morete imeti. Če vidite denar kjerkoli drugje kot znotraj svojega bitja, ga nikoli ne boste imeli vsega in z vašega stališča ga nikoli ne bo dovolj.

$$$$$$$$$$$$$$$$$$$$$$$

PRVO POGLAVJE

Kaj je denar?

Rasputin: Okej, torej ste vsi pripravljeni? Vse narejeno? Ste vsi zadovoljni z odgovori? Prav. Sedaj bomo začeli govoriti o denarju. Za začetek sedaj iz tega, kar ste zapisali na papir, razumete svoje lastne poglede v zvezi z denarjem. Svoje življenje vidite kot finančno situacijo, v kateri ste, kupujete pogled, da je vaše življenje to, kar imate sedaj kot svojo finančno resničnost. Zanimiv pogled.

Sedaj bomo, kot smo že mnogokrat, govorili o razliki med dopuščanjem in sprejemanjem. Dopuščanje: Če ste v dopuščanju, ste skala v reki in vsaka misel, ideja, prepričanje in odločitev, ki pride do vas, gre okoli vas, se premakne naprej. Če ste v sprejemanju, vse ideje, misli, prepričanja in odločitve pridejo do vas, postanete del toka in vas odnese.

Sprejemanje ima tri sestavine: usklajevanje ali strinjanje, kar ga naredi trdnega; upiranje, ki ga naredi trdnega, in odziv, ki ga naredi trdnega. Kako je to videti v resničnem življenju? Če vam na primer prijatelj reče: „Na svetu ni dovolj denarja,“ in če se s tem uskladite ter strinjate, rečete: „Ja, prav imaš.“ S tem to naredite trdno v njegovem in svojem lastnem življenju. Če se upirate, mislite: „Ta tip od mene želi denar.“ S tem to naredite trdno v njegovem in svojem življenju. Če se odzovete, rečete: „Imam dovolj denarja, ne vem, kaj je narobe s tabo,“ ali rečete „Zame ne bo tako,“ ste pogled kupili, plačali zanj, ga v vrečki odnesli domov in ga zase naredili trdnega.

Če vaš prijatelj reče: „Na svetu ni dovolj denarja,“ je to samo zanimiv pogled. Vsakič, ko slišite informacijo o denarju, morate takoj priznati, da je samo zanimiv pogled; ni potrebno, da je vaša resničnost, ni potrebno, da je to, kar se pojavi. Če menite, da si je lažje sposoditi kot odplačati, potem ste to naredili trdno in ustvarili nenehen dolg. Konec koncev je le zanimiv pogled.

Kaj je denar? Nekateri menijo, da je denar zlato, nekateri menijo, da so denar avtomobili, nekateri menijo, da so denar hiše, nekateri menijo, da je izmenjava energije, nekateri menijo, da je izmenjava sredstev. Ali opazite, da vsak izmed teh pogledov predstavlja trdnost? Denar je samo energija. Na svetu ni ničesar, ničesar, kar ne bi bilo energija.

Če pogledate svoja življenja in menite, da nimate dovolj denarja, je tisto, kar resnično pravite angelom, ki sedijo z vami in vam pomagajo, da ne potrebujete dodatnega denarja, da ne potrebujete energije. V resnici tega ne potrebujete, ste energija in preskrba z njo sploh ni omejena. Imate več kot dovolj energije, da naredite vse, kar želite v svojem življenju, vendar ne izbirate, da bi sebe ustvarili kot denar, kot energijo, kot moč.

Kaj vam pomeni moč? Za večino med vami moč pomeni nadvladovati drugega, nadzirati drugega ali pomeni nadziranje svojega življenja, ali vnašanje kontrole v svoje življenje, ali nadziranje svoje finančne usode. Zanimiv pogled, kajne?

Kaj je finančna usoda? Je čuden program. To je to. Je program usode. Vsakič, ko rečete: „Imeti moram program do finančne svobode,“ pravite, da vi osebno nimate svobode. Tako ste v popolnosti omejili svoje izbire in to, kar izkušate.

Prosimo vas, da za trenutek zaprete oči in začnete vleči energijo s svoje sprednje strani. Vlecite energijo v vsako poro svojega bitja. Ne vdihavati, samo vlecite jo noter. Dobro. Sedaj vlecite energijo s svoje zadnje strani, od vsepovsod. Sedaj jo vlecite od strani in sedaj jo povlecite s tal. Ali opazite, da vam je pri vlečenju energije na voljo obilje energije? Sedaj spremenite energijo v denar. Ali opazite, kako ste jo nenadoma naredili zelo gosto? Sedaj vase niste več vlekli energije, ampak nekaj pomembnega. Kupili ste idejo, da je denar pomemben, in zato ste ga naredili trdnega. Uskladili ste se z dogovorom preostalega sveta, kako deluje. Deluje na podlagi energije. Svet ne deluje na podlagi denarja, svet deluje na podlagi energije. Svet plačuje s kovancem energije, in če denar dajete in prejemate kot energijo, boste imeli obilje.

Vendar je za večino med vami pritok energije kategorija, je ideja. Ponovno vlecite energijo v svoje celotno telo, vlecite noter, vlecite noter. Ali jo lahko zadržite? Ali je videti, kot da raste in da je je več in več? Ali se ustavi z vami? Ne, tudi vi ste le energija in energijo ustvarjate s smerjo, v katero osredotočate svojo pozornost. Pri denarju je enako.

Vse v svetu je energija. Ne obstaja mesto, od koder ne bi mogli prejeti energije. Energijo lahko prejmete od pasjega dreka na tleh, od lulanja v snegu ali pa jo lahko začutite od avta ali taksista. Torej, ali vsi sledite? Energijo prejemate od vsepovsod. Sedaj si predstavljajte taksista in pošljite ogromne količite denarja s sprednjega dela svojega telesa proti taksistu. Katerikoli taksist bo v redu. Pošljite ga ven, več, več, več, več, več, več. Sedaj začutite energijo, ki vleče z zadnje strani vašega telesa. Ali omejujete količino energije, ki prihaja od zadaj?

Od kod pride denar? Če ga vidite, da prihaja z desne ali leve, menite, da morate v življenju delati, ker je to edini način, da dobite denar. Če ga vidite, da prihaja od spredaj, menite da pripada prihodnosti. Če ga vidite prihajati od zadaj, ga vidite prihajati iz preteklosti. To je edino mesto, kjer ste imeli denar. Vaše življenje je „Imel sem denar, sedaj ga nimam, zato sem zelo pomilovanja vreden". To ni resničnost, je le zanimiv pogled.

Ko pošiljate denar, od kod ga pošiljate? Iz svoje srčne čakre, korenske čakre ali kronske čakre? Od kod ga pošiljate? Pošiljate ga od vsepovsod, iz celote svojega bitja in nazaj priteče iz celote vašega bitja.

Če vidite, da denar prihaja z vrha, menite, da vam bo denar priskrbel duh. Duh vam priskrbi energijo, energijo, s katero lahko ustvarite karkoli, za kar se odločite, da želite ustvariti. Kaj naredite, kaj naredite, da ustvarite denar? Najprej morate postati moč. Moč ne pomeni, da sedite na drugem, moč ni nadzor, moč je energija. Neomejena, ekspanzivna, rastoča, veličastna, čudovita, bujna in hitra energija. Vsepovsod je. V energiji ne obstaja pomanjševanje sebe, v moči ni pomanjševanja sebe in tu ni pomanjševanja drugih. Ko ste moč, ste v popolnosti vi! Ko ste vi, ste energija in na ta način so z vami povezane vse stvari. To pomeni, da so z vami povezane tudi neomejene količine denarja.

Postali boste moč. To boste naredili tako, da boste zjutraj desetkrat ponovili „Jaz sem moč". In zvečer boste desetkrat ponovili „Jaz sem moč". Kaj še morate biti? Kreativnost. „Jaz sem kreativnost." Kaj je kreativnost? Kreativnost je vizija vašega življenja in dela, ki ga želite opravljati, kot svojega bistva, kot duše energije. Vse, kar delate, če to naredite iz kreativnosti, ne glede na to, ali pomivate tla, posodo, kuhate obrok, pišete čeke, če je to narejeno kot kreativnost, ki je povezana z močjo, je to enako energiji, kar se odrazi v denarju, ker so potem vsi enaki.

Naslednji element, ki ga morate imeti, je zavedanje. Kaj je zavedanje? Zavedanje je spoznanje, da vse, vse, kar mislite, ustvarite. Je to, kako se vaše življenje prikaže le na podlagi vaših misli.

Če imate kreativno sliko, kam greste in kaj boste delali, in če nanjo pripnete zavedanje, da je to gotova stvar, se bo manifestirala. Vendar vi na tem nivoju temu dodate element časa – čas! Čas vas ubija, ker če do jutri ne manifestirate milijona dolarjev za tem, ko boste nocoj končali ta tečaj, se boste odločili, da ta tečaj ni bil vreden ničesar, in pozabili vse, kar ste se naučili.

Torej, kako vračunate čas? S tem da ste kontrola. „Jaz sem kontrola.“

Kaj pomeni „Jaz sem kontrola“? „Jaz sem kontrola“ je razumevanje, da je ob pravem času na pravi način, ne da bi vi opredeljevali pot, to, kar je vaša vizija kreativnosti, to, česar se zavedate kot zaključka, to, s čimer ste povezani kot z močjo tega, kot energije tega, gotova stvar v svojem lastnem okvirju. Če skupaj sestavite te štiri komponente in dopustite vesolju, da prilagodi vsak vidik tega, da natančno uglasi svet, da postane vaš suženj, boste manifestirali točno tisto, kar želite.

Naj za minuto spregovorimo še o želji. Želja je čustvo, iz katerega ste se odločili ustvarjati. Ali je to resničnost? Ne, je samo zanimiv pogled. Če želite obleke, ali jih želite zaradi določenega razloga ali zato, ker vas zebe, vam je prevroče ali ker ste ponosili svoje čevlje? Ne, ne želite jih iz tega razloga, ampak zaradi mnogo drugih. Ker vam je nekdo rekel, da ste dobro videti v tej barvi ali ker vam je nekdo rekel, da so vas že prevečkrat videli v tej srajci ali ker mislijo … (smeh). Ja, veseli smo, da se je tukaj končno nekoliko razsvetlilo.

Dobro, torej želja je mesto, kjer svojo čustveno potrebo zlivate v vztrajanje, da je to resničnost. Vi kot bitje, vi kot energija, vi kot moč, vi kot kreativnost, vi kot zavedanje in vi kot kontrola nimate popolnoma nobene potrebe, nobene, nobene želje. Ni vam pomembno, kaj izkušate, izbirate le, da izkušate. Česar tukaj, na tem nivoju, ne izbirate, je lahkost. Ne izbirate lahkosti, ker bi to pomenilo, da morate biti moč, ker bi to pomenilo, da morate na tej zemlji manifestirati mir, tišino, radost, smeh in veličastnost. Ne samo zase, ampak tudi za vse druge.

Izbirate iz prostora, kjer se pomanjšujete. Če postanete moč, katera ste, se od vas zahteva, da živite radostno, lahkotno in veličastno.

Veličastnost je bujen izraz življenja in obilje v vsem.

Kaj je obilje v vsem? Obilje v vsem je razumevanje in resničnost, da ste na tem nivoju povezani z vsakim in slehernim bitjem, z vsako in sleherno molekulo in da čisto vsi predstavljajo podporo vam in energiji ter moči, ki ste. Če delujete iz česarkoli, kar je manj od tega, ste šleva.

Iz izčrpavajoče finančne negotovosti sebe ustvarjate majhne, nezmožne in še več kot to, nevoljne. Nevoljne, da sprejmete izziv tega, kdo v resnici ste. Ste moč, ste kontrola, ste zavedanje in ste kreativnost. Ti štirje elementi ustvarjajo vaše obilje. Torej postanite to, uporabite jih vsak dan do konca svojega življenja ali dokler sami ne boste to postali. K tem štirim elementom lahko dodate še enega. Rečete lahko: „Jaz sem denar, jaz sem denar." Sedaj vas bomo prosili, da to izrečete z nami, nam sledite. Izrekli bomo nekaj „Jaz sem". Dobro? Dobro, torej začnimo:

Jaz sem moč, jaz sem zavedanje, jaz sem kontrola, jaz sem kreativnost, jaz sem denar, jaz sem kontrola, jaz sem moč, jaz sem zavedanje, jaz sem kreativnost, jaz sem moč, jaz sem zavedanje, jaz sem kontrola, jaz sem kreativnost, jaz sem moč, jaz sem zavedanje, jaz sem kontrola, jaz sem kreativnost, jaz sem denar, jaz sem zavedanje, jaz sem moč, jaz sem kontrola, jaz sem zavedanje, jaz sem moč, jaz sem kontrola, jaz sem denar, jaz sem kreativnost, jaz sem radost. Dobro.

Sedaj začutite energijo in začutite ekspanzijo, ki se je s tem ustvarila. To je vaša resnica in to je mesto, iz katerega ustvarjate tok denarja. Težnja vsakega izmed vas je, da se povlečete v majhno gospostvo, ki ga imenujete svoje telo, in razmišljate. Prenehajte razmišljati, možgani so za vas neuporabno orodje, zavrzite jih in začnite delovati kot svoja resnica, moč, ekspanzija. Bodite to v popolnosti. Sedaj se naj vsak izmed vas povleče v svojo finančno realnost. Ali je to čutiti dobro?

Študent: Ne.
R: Prav, torej zakaj izbirate, da tam živite? Iz katerega omejujočega prepričanja delujete? Napišite to.

Iz katerega omejujočega prepričanja v življenju delujete, kar je ustvarilo vaš finančni svet?

Odgovor:

_____

_____

_____

Sedaj ostanite razširjeni kot moč in poglejte na finančni svet, ki ste ga ustvarili znotraj sebe – ne kot resničnost, ampak kot prostor, iz katerega delujete. Kakšno omejujoče prepričanje morate imeti, da delujete kot to? Ne povlecite se nazaj v svoje telo, čutimo, da to počnete. Dotaknite se prostora, ne biti v njem. Ne povlecite se nazaj v ta prostor. Ponovno to počnete, premaknite se ven.

Jaz sem moč, jaz sem zavedanje, jaz sem kontrola, jaz sem kreativnost, jaz sem denar, jaz sem moč, jaz sem kontrola, jaz sem kreativnost, jaz sem denar, jaz sem moč, jaz sem kontrola, jaz sem kreativnost, jaz sem denar, jaz sem moč, jaz sem kontrola, jaz sem kreativnost, jaz sem denar, jaz sem zavedanje, jaz sem zavedanje. Takole, hvala.

Sedaj ste zunaj svojih teles. Vedno izbirate, da se pomanjšate na velikost svojega telesa, potem izberete omejitev tega, kar lahko prejmete, ker mislite, da samo telo prejema energijo denarja, kar ni res. To je laž, iz katere delujete. Dobro, ste sedaj bolj razširjeni? Okej, ali ste sedaj, ko ste to pogledali, vsi prišli do odgovora? Kdo nima odgovora?

Š: Jaz.
R: Okej. Nimaš odgovora? Naj pogledamo. Kaj pojmuješ kot svojo finančno situacijo? Začuti jo v svojem telesu – kje se nahaja?
Š: V mojih očeh.
R: V tvojih očeh? Tvoja finančna situacija je tukaj, zato ne moreš videti, kaj ustvarjaš, ha?
Š: Ja.
R: Torej je zavedanje v tvojih očeh? O, zanimivo, sedaj si se začela premikati ven. Ali si opazila? Omejujoče prepričanje, iz katerega deluješ, je „Ne vidim tako daleč, da bi vedela, kaj se bo zgodilo in kako to nadzirati". Je to res?
Š: Ja.
R: Dobro. Kako se izviješ iz tega prepričanja? Ali imate vsi preostali svoje prepričanje, iz katerega delujete? Kdo tukaj še potrebuje prispevek, komu še moramo pomagati?
Š: Meni.
R: Ja? Kakšna je torej tvoja finančna situacija in kje jo čutiš?
Š: V svojem solarnem pleksusu in v grlu.
R: Prav. Torej, kaj sta ta solarni pleksus in grlo? Pojdi vanju, začuti ju v popolnosti, začuti ju, ja, tam, prav tam. Ali opaziš, da postaja težje in težje? Ja, vedno bolj in bolj finančna situacija, ki je. Natančno tako se počutiš vsakič, ko greš v svojo finančno zagato. Ali ne? Dobro, sedaj to obrni in naj gre v drugo smer. Tako, ali čutiš? Sedaj se obrača, ali je sedaj?
Š: Uh, huh.
R: Pomisleka v zvezi s tvojimi financami sta, da nimaš ne moči ne glasu, da bi spregovorila svojo resnico, da bi povzročila, da bi se stvari zgodile.

Š: Ja.

R: Točno tako. Dobro. Vidiš. Sedaj razumete metodo. Tako obrnete učinke, ki ste jih ustvarili v svojih lastnih telesih, v svojem lastnem svetu. Tisto, kar v svojem telesu čutite kot finančne omejitve, obrnite in dopustite, da gredo ven iz vas in da so zunaj vas, ne v vas. Da niso del vas, ampak da so zanimiv pogled. Ker od zunaj imate zanimiv pogled, lahko ga vidite. To, iz česar delujete, kar je omejeno z vašim telesom, omejuje tudi vašo dušo. Se že komu vrti? Kdorkoli?

Š: Meni se vrti.

R: Malo vrtoglavo je tukaj. Okej. Torej, rahlo omotična? Zakaj si omotična? Ali ni to tam, kjer imaš pomisleke o denarju? Ali te nekako zavrtijo, ne veš točno, kako ravnati z njimi? Postavi to omotico ven iz svoje glave. Ah, začuti to, začuti to. Sedaj si ekspanzija. Vidiš, sedaj to ni več stvar izven nadzora v tvoji glavi. Izven nadzora ne obstaja, to je totalno sranje! Edina stvar, ki te nadzoruje, so rdeče luči, na podlagi katerih deluješ, in zelene luči, ki ti pravijo, kam iti, in to je, ko voziš avto. Zakaj bi sledila tem rdečim in zelenim lučem, ko si v svojem telesu? Pavlov pogojni refleks? Tako, sedaj te prosimo, da greš nazaj k svojemu izvornemu vprašanju. Kaj je prvo vprašanje?

Š: Kaj je denar?

R: Kaj je denar? Kaj je denar zate? Odgovori.

Š: Moj prvi odgovor je bil moč. Drugi je bil mobilnost, tretji je bil rast.

R: Dobro. Kateri izmed teh treh je resničen?

Š: Moč.

R: Res?

Š: Moč. Popolnoma resnično.

R: Je to dejansko resnično? Misliš, da je denar moč? Ali imaš denar?

Š: Ne.

R: Torej nimaš moči?

Š: Ne.

R: Ali tako čutiš? Brez moči? Kje čutiš to nemoč?

Š: Ko rečeš na ta način, začutim to prav tukaj, v solarnem pleksusu.

R: Ja, torej kaj s tem narediš? Obrni ven.

Š: Toda, veš, ko sem začutila denar, sem ga začutila v svojem srcu, in ko moram narediti nekaj, kjer se počutim...

R: Ja, ker je to v zvezi z močjo. Težavo z močjo, ki jo čutiš v solarnem pleksusu. Prodala si svojo moč in jo oddala. Ta tok moraš obrniti. Moč je tvoja. Ti si moč. Ti ne ustvarjaš moči, ti si moč. Čutiš, tam? Ko to obrneš ven, se začneš ponovno širiti, ne pojdi v svojo glavo, ne razmišljaj o tem, to začuti! Ja, tam, to moč potiskaš ven. Kaj to pomeni? Za vse: resničnost je, da ko pojmujete denar kot moč in začutite, kako jo vleče notri, poskušate to moč ustvariti in na podlagi tega ste že predpostavili, da je nimate, kar je osnovna domneva. Vse, na kar se vaša pozornost osredotoči, je resnica s pripeto lažjo.

Š: Lahko to prosim ponovno poveste?

R: Vse, na čemer se zatakne tvoja pozornost glede moči?

Š: Ja.

R: Kadar čutite, da moč prihaja v vas, ste že predvideli, da je nimate. To ste predvideli. Kaj to naredi? Pomanjša vas. Ne ustvarjaj iz domnev, iz domneve, da je denar moč – začuti to. Denar je moč – je to trdnost ali je to samo zanimiv pogled? Tako to naredite, če je denar moč – začuti energijo tega. To je trdno, ali ni? Ali lahko deluješ kot energija pri trdnosti? Ne, ker je to prostor, iz katerega naredite zaboj, v katerem živite, in to je tam, kjer ste pravkar ujeti! V ideji, da je denar moč. Tvoj naslednji odgovor?

Š: Moj naslednji odgovor je mobilnost.

R: Mobilnost?

Š: Ja.

R: Denar ti dopusti, da se premikaš, kajne?

Š: Ja.

R: Resnično? Nimaš denarja, pa ti je uspelo priti iz Pensilvanije do New Yorka?

Š: Dobro, če pogledamo tako ...

R: Si?

Š: Ja.

R: In koliko energije, ki te je spremenila, si prejela tukaj?

Š: Oh, veliko več, kot je je bilo potrebne, da sem prišla sem. Ali mislite to?

R: Ja, to je zanimiv pogled, ali ni? Torej v katero smer bolj tečeš – bolj ven ali bolj noter?

Š: Oh, s tem pogledom, bolj noter.

R: Prav. Vendar vidiš, vedno misliš, da se pomanjšuješ, ker dobiš energijo, denarja pa tudi ne vidiš kot energije, ki lahko pride noter. Energijo dopustite z veliko radostjo, ali ne?

Š: Ja.

R: Z velikim užitkom?

Š: Ja.

R: Veličastnost, ko je bila. Sedaj začuti to veličastnost energije, energije, ki ste jo izkusili zadnjih nekaj dni. Čutiš to?

Š: Ja.

R: Spremeni jo v denar. Vov, kakšen vrtinec bi bil to, ha?

Š: (smeh)

R: Torej, kako to, da ne dopuščaš, da bi bilo to v tvojem življenju do konca časa? Ker si niste voljni dopustiti prejemati. Ker domnevate, da potrebujete. Kako je čutiti potrebo?

Š: Ni dober občutek.

R: Čutiti je kot trdnost, a? To je pokrov na vašem zaboju. *Potreba*, to je ena izmed najbolj umazanih besed v vašem jeziku. Zavrzite jo! Takoj zdaj jo napišite na list papirja, na drug list. Napišite „potreba"! Strgajte list iz svoje knjige in ga raztrgajte! Koščke morate pospraviti v žep, ker bo imel D (drugi študent) drugače težave. (smeh) Dobro! Kako je to čutiti?

Š: Dobro.

R: Dober občutek, ha? Torej vsakič, ko boste uporabili besedo *potreba*, jo napišite, potem pa strgajte papir, na katerem je napisana, dokler ne bo izbrisana iz vašega besednjaka.

Š: Ali lahko nekaj vprašam?

R: Ja, imamo vprašanja?

Š: Ja, samo o … prej sem mislila, da si govoril o tem, da so besede *moč*, *energija* in *zavedanje* med sabo zamenljive.

R: Ni čisto tako. Če jih naredite pomembne, jih naredite trdne. Ohraniti jih morate kot energijske tokove. Moč je energija, zavedanje je energija, kot védenje z absolutno gotovostjo, brez dvoma, pomislekov. Če mislite: „Prihodnji teden bom imela milijon dolarjev," v notranjosti pa slišiš droben glasek, ki reče: „Greš stavit?" ali „Kako boš to naredila?" ali „O moj bog, ne morem verjeti, da sem naredila tako zavezo!", potem ste si že dali nasprotujočo namero do te točke, kjer se to ne more pojaviti v časovnem okviru, ki ste ga za to ustvarili, kar je povezano s kontrolo.

Če rečete: „Želim, da bi imela na banki milijon dolarjev," in veste, da boste to naredili, in v to niste vključili časa – ker imate nadzor nad svojimi miselnimi procesi, boste vsakič, ko boste pomislili na nekaj, kar temu nasprotuje, pomislili: „O, zanimiv pogled," in ga izbrisali – potem se to lahko zgodi veliko hitreje. Vsakič, ko imate misel, ki je ne izbrišete, podaljšate časovno obdobje do takrat, ko to ne more več obstajati.

Postopoma se odmikate od tega. Vidite, če pogledamo to z vidika temelja – recimo, da imamo nastavek za golf žogico – vrh je tukaj in svojo idejo za milijon dolarjev boste dali na vrh podstavka; vsakič, ko nekaj rečete, vsakič, ko pomislite kaj negativnega o tem, za kar ste se odločili, da boste ustvarili, odščipnete košček podstavka, dokler se žogica ne prevrne in pade stran. Potem ga ponovno izgradite in se ponovno odločite in ga ponovno začnete košček za koščkom ščipati. Žogica je v ravnovesju na vrhu nastavka – tukaj morate dobiti vrh in ga tam ohraniti kot svoje védenje, kot resničnost, ki že obstaja. Sčasoma, v vašem sosledju časa, boste ujeli, kar ste ustvarili. Le takrat boste to dobili, ga imeli, vaš bo. Prav, gremo nazaj k tvojemu drugemu odgovoru – mobilnosti. Kaj je mobilnost? Da premikaš svoje telo naokoli?

Š: Ja, tako sem mislila.

R: Si mislila premikanje telesa ali si mislila svobodo?

Š: Oboje.

R: Oboje?

Š: Ja.

R: Dobro, še enkrat, domneva je, da je nimaš. Vidiš, tvoje domneve, ki predstavljajo negativne poglede, *ti ne dopuščajo*, ti ne dopuščajo, da bi prejela tisto, kar v življenju želiš. Če rečeš, potrebujem ali želim svobodo, si avtomatično ustvarila pogled, da nisi svobodna. To ni niti moč, niti zavedanje, niti kontrola, niti kreativnost. Dobro, je neke vrste kreativnost. Ustvarila si ga in ga naredila za resničnost, iz katere sedaj deluješ. Zavest je tisti proces, s katerim boš ustvarila svoje življenje, ne z domnevami. Ne moreš delovati z domnevo, majhno sprememembico tukaj, čas je, da napišeš svojo lastno pesem. Prav. Sedaj tvoj tretji odgovor.

Š: Tretji, oh, okej, rast.

R: Oh, a v zadnjih dvajsetih letih nisi rasla?

Š: Dobro, rast, imela sem to idejo, da je treba potovati, da ...

R: Kaj si rekla?

Š: Rada bi potovala ...

R: Kaj si rekla?

Š: Rekla sem, da bi rada, oh, rekla sem „potrebujem".

R: Ja, napiši na list in ga raztrgaj (smeh). Da bo zagotovo, raztrgaj papir na čim manjše koščke.

Š: Ja, verjetno res. Ja, kadar slišim o vznemirljivih delavnicah, kjer se lahko česa naučim, bi bila rada zmožna potovati naokoli.

R: Zanimiv pogled. Kaj je avtomatični pogled, domneva, iz katere deluješ? Da si tega ne moreš privoščiti. Da nimam dovolj denarja. Začuti svojo energijo. Začuti svojo energijo. Kako je čutiti?

Š: V tem trenutku je čutiti zelo razširjena.

R: Dobro. Kako pa je čutiti, kadar rečeš to?

Š: Kadar rečem kaj?

R: Ja. Ko domnevaš, da nimaš dovolj denarja.

Š: Oh, to je čutiti kot zmanjševanje, to je čutiti ...

R: Dobro. Torej moraš še vedno delovati iz tega prostora?

Š: Upam, da ne.

R: Upam, da ne? Zanimiv pogled.

Š: Ja, zagotovo.

R: Zavest, zavest, vsakič, ko se počutiš tako, se zbudi!! Ko se tako počutiš, nisi več zvesta sebi. Nisi več moč, zavedanje, kontrola, kreativnost ali denar. Prav. Torej ima še kdo kakšne poglede o tem, kaj je zanj denar, in bi rad razjasnitev v zvezi s svojim predpostavljenim pogledom?

Š: Ja.

R: Ja?

Š: Moj prvi je bil kozmično gorivo.

R: Kozmično gorivo? Ali to resnično verjameš in kaj je predpostavka za tem? Da nimaš kozmičnega goriva? Domneva za tem je, da nimaš kozmičnega goriva. Da nisi povezan s kozmosom in da nisi zavedanje. Je kaj od tega res?

Š: Ne.

R: Ne, ni res. Torej, ne deluj iz domneve, deluj iz resničnosti. Imaš kozmično gorivo, veliko, veliko obilje. Ja, tako. Si dojel? Imaš še kakšen pogled, o katerem me želiš vprašati?

Š: Ja, imam zalogo za preživetje.

R: Ah, zelo zanimiv pogled. Rekli bi, da je tukaj še šest ali sedem ljudi, ki imajo podoben pogled. Kaj je tukaj osnovna predpostavka, iz katere deluješ? V tem pogledu so dejansko tri. Poglej jih, kaj vidiš, kaj predpostavljaš tam? Prvič, domnevaš, da boš preživel ali da moraš preživeti. Koliko milijard let si star?

Š: Šest.

R: Najmanj. Torej, preživel si že šest milijard let, v koliko življenjih si bil zmožen to zalogo vzeti s sabo? (smeh) Kaj?

Š: V vseh.

R: To zalogo denarja si vzel s sabo v vseh življenjih, zalogo za preživetje?

Š: Ja.

R: Ko govoriš o preživetju, govoriš o svojem telesu, domnevaš, da si telo in da lahko preživi le z denarjem. Prenehaj dihati in vdihni energijo v svoj solarni pleksus, ne zajemi veliko zraka, da bi to naredil. Videl boš, da lahko trikrat ali štirikrat vdihneš energijo, preden moraš zadihati, in da se tvoje telo počuti napolnjeno z energijo. Ja, tako. Sedaj lahko dihaš, ko vdihneš zrak, vdihni energijo. Tako postaneš energija in denar, z vsakim vdihom vdihneš energijo, z vsakim dihom vdihneš denar; ni razlike med tabo in denarjem. V redu. Si sedaj to dojel? Ali to razloži to?

Š: Sem dojel to?

R: Ali sedaj razumeš, kako delujemo in kaj je tvoja domneva tukaj?

Š: Ja.

R: Prav, ali jo še potrebuješ?

Š: Ne.

R: Dobro. Kaj lahko narediš z njo? Lahko jo spremeniš, lahko spremeniš vse te stvari, odstraniš domnevo in ustvariš nov pogled kot moč, kot energija, kot

kontrola, kot kreativnost, kot denar. Kakšne nove poglede bi imel?

Š: Da sem moč, da sem energija.

R: Točno tako. In to si, ali ne? Ali nisi to vedno bil? Kako zanimiv pogled? Dobro. Tako. Naslednje vprašanje. Kdo bi se rad javil za to?

Š: Rekli ste, da so tukaj tri domneve pri tej zalogi.

R: Ja.

Š: Dobili smo samo eno.

R: Dobil si dve.

Š: Dve? Moram preživeti.

R: Preživel bom, moram preživeti, ne morem preživeti.

Š: Okej.

R: In kaj je tretja? Razmisli o tem. Nisem pripravljen preživeti. Neizgovorjen pogled.

DRUGO POGLAVJE

Kaj vam denar pomeni?

Rasputin: Prosim, preberi drugo vprašanje in odgovore.

Študent: Kaj ti denar pomeni?

R: Kaj je tvoj prvi odgovor?

Š: Varnost.

R: Varnost, denar je varnost?

Š: Če ga imaš, zavaruješ svojo sedanjost in prihodnost.

R: Zanimiv pogled. Je res, je resničen? Če imaš denar na banki in propade, si varen? Če imaš denar doma, v hiši, in pogori na dan, ko si pozabil plačati zavarovanje, ali imaš varnost?

Š: Ne.

R: Imaš samo eno zavarovanje in ne ustvarja ga denar. Varnost je resnica tebe kot bitja, kot duše, kot svetlobnega bitja. In od tam ustvarjaš. Si moč, si energija. Kot moč, kot energija imaš edino resnično varnost, ki obstaja. Če bi živel v Kaliforniji, bi vedel, da varnost ne obstaja, ker se pod tvojimi nogami vse premika. Toda tukaj, na vzhodni obali, menite, da so tla varna, pa niso. To, kar imenujete svet, ni trdno mesto, ampak je energija. So te stene trdne? Celo vaši znanstveniki pravijo, da ne – da se molekule premikajo počasneje, zato je videti, kot da so trdne.

Si ti trden? Varen? Ne, si prostor med kupčkom molekul, ki si jih ustvaril in oblikoval tako, da so videti trdne. Je to varnost? Če bi bil lahko z denarjem varen, bi ga lahko vzel s sabo, ko umreš? Bi bil sposoben prejeti novo telo, priti nazaj in ga dobiti nazaj v naslednjem življenju? Torej je varnost resnično tisto, kar kupuješ z denarjem, ali to resnično pomeni varnost? Ali je samo pogled, ki ga imaš, ki si ga prevzel od drugih, kako naj bi ustvarjal svoje življenje?

Š: Torej, kar mi pravite, je, da če mislim na denar, ga lahko tudi ustvarim.

R: Ja. Ne če misliš nanj, če SI denar!

Š: Kako postanem denar?

R: Najprej moraš za svoje življenje imeti vizijo in to narediš z „Jaz sem kreativnost". Kot vizija si kreativnost. Si „Jaz sem moč" kot energija. Si „Jaz sem zavedanje" s točnim védenjem, da bo svet takšen, kot ga vidiš. In si „Jaz sem kontrola" – ne da si navezan na to, kako boš do tja prišel, ampak z zavedanjem, da bo vesolje premaknilo zobnike, da bi prineslo tvojo vizijo, če boš ohranil svojo moč in če boš ohranil svoje zavedanje in usklajenost s tem, kar delaš. Če boš imel vse te štiri elemente na mestu, lahko postaneš „Jaz sem denar".

In lahko jih uporabiš, lahko rečeš: „Jaz sem moč, jaz sem zavedanje, jaz sem kontrola, jaz sem kreativnost, jaz sem denar." Uporabi jih vsako jutro in vsak večer, dokler ne postaneš denar, dokler ne postaneš kreativnost, dokler ne postaneš zavedanje, dokler ne postaneš kontrola, dokler ne postaneš moč. Tako postaneš denar. „Jaz sem" tega, da si denar. Zato, ker tako sedaj ustvarjaš sebe. Vidiš, če ustvarjaš sebe s pogledom „Varen sem, če dobim denar" – kaj je to? To je časovno zaporedje, futurizem, ne?

Š: Okej.

R: Tako tega nikoli ne moreš doseči.

Š: Ali moraš biti vedno v sedanjosti …

R: Ja! „Jaz sem" te vedno postavi v sedanjost. Torej, katere druge poglede imaš v zvezi z denarjem, kaj ti pomeni?

Š: Varnost je bila glavna, ker bi bili drugi dve dom in prihodnost. Toda če bi imel varnost, bi bil moj dom varen in moja prihodnost bi bila varna. Torej je resnično na…

R: Res? Je to resnično res?

Š: Ne, ne, ne, ni. Razumem, čez kaj ste me pravkar pripeljali v zvezi z mojo prvo potrebo, potrebo po varnosti.

R: Ja, dobro.

Š: Razumem „Jaz sem".

R: Ja. Ima kdo drug pogled, v zvezi s katerim želi prejeti nekaj jasnosti?

Š: Sreča.

R: Sreča, denar ti kupi srečo, ha?

Š: Tako mislim.

R: Res, imaš denar v žepu?

Š: Ne veliko.

R: Si srečen?

Š: Uh, huh.

R: Denar ti torej ni kupil tega, ali je?

Š: Ne.

R: Tako je, ti ustvarjaš srečo, ti ustvarjaš radost v svojem življenju, ne denar. Denar ti ne kupi sreče, in če nimaš denarja, kako imaš lahko srečo? Sodba, ki pride za tem, je „Nimam dovolj denarja, da bi bil srečen". In tudi če dobiš več, še vedno nimaš dovolj denarja, da bi bil srečen. Ali razumeš bistvo? Kako se v zvezi s tem počutiš?

Š: Vedno sem srečen, čeprav nimam denarja, vendar me to, da vem, da moram nekoga v četrtek plačati, in vem, da za to nimam denarja, spravlja v slabšo voljo.

R: Aha! Sedaj pa imamo, sedaj gremo v to – čas. Kako ustvarjaš denar?

Š: V službi, delam.

R: To je zanimiv pogled. Meniš, da lahko prejmeš samo z delom?

Š: To je tisto, kar sem izkusil.

R: Torej, kaj je bilo prej, ideja, da moraš za to, da bi prejel denar, delati, ali izkušnja?

Š: Ideja.

R: Ja. Ustvaril si jo ti, ali ne?

Š: Ja.

R: Torej si zanjo odgovoren; zase si ustvaril natančno takšen svet, kot je tvoj miselni vzorec. Vrzi svoje možgane proč, napoti so ti! Razmišljaš in ne postajaš bogatejši, temveč bolj omejen. Ta miselni proces ti je napoti in potem si okrnjen, omejil si se na to, kar boš dosegel in kar boš dobil. Vedno si bil sposoben ustvariti srečo, ali ne?

Š: Ja.

R: Samo računi so tisti, ki so napoti, ali ne?

Š: Ja.

R: Zato, ker je to, kar počneš, to, da misliš, imaš vizijo denarja, tega, kakšno bo tvoje življenje, ali ne?

Š: Ja.

R: Sedaj si to vizijo zamisli. Kako je čutiti? Lahko ali težko?

Š: Lahko.

R: In ko si v tej lahkosti, ali veš, da boš plačal vse, kar dolguješ?

Š: Lahko to še enkrat ponovite?

R: Ali v tej lahkosti veš, kot zavedanje, da boš vedno plačal vse, kar dolguješ?

Š: Ja.

R: Veš? Imaš absolutno zavedanje in gotovost v zvezi s tem?

Š: Da moram plačati vsem, ki jim dolgujem.

R: Ne, da moraš, temveč da boš.

Š: Ja, mislim, da bom.

R: Oh, zanimiv pogled, mislim, da bom. Če misliš, da boš plačal, imaš željo po tem, da bi plačal, ali se temu upiraš?

Š: Temu se upiram.

R: Ja, temu se upiraš. Ja, se upiraš temu? Kaj je namen upiranja?

Š: Ne bi vedel.

R: Kaj bi bil pogled za tem, da ne želiš plačati? Ali bi plačal račun, če bi imel dovolj denarja?

Š: Ja.

R: Torej, kaj je tvoj pogled za tem, ki ni izražen?

Š: Da me v zvezi z denarjem skrbi, da nočem plačati.

R: Da ne boš imel dovolj, ali ne?

Š: Ja.

R: To je neizražen pogled, je tisto, česar ne moreš pogledati, kar ti povzroči težave. To je mesto, iz katerega si ustvarjal s pogledom, da sploh ni dovolj. Torej si to, da ni dovolj, ustvaril kot resničnost?

Š: Ja.

R: Je to mesto, iz katerega rad deluješ?

Š: Ne razumem, kaj pravite.

R: Ali rad deluješ iz „ni dovolj"?

Š: Ja.

R: Torej, v čem je vrednost izbiranja „ni dovolj"?

Š: Ni je.

R: Mora biti, drugače tega ne bi izbral.

Š: Ali nas ni vseh strah tega?

R: Ja, vse vas je strah, da ne bo dovolj, in vsi delujete iz gotovosti, da ne bo dovolj, zaradi česar iščete varnost in zaradi česar iščete srečo in zaradi česar iščete domove in zaradi česar iščete prihodnost, medtem ko ste resnično ustvarili vsako prihodnost, ki ste jo kadarkoli imeli. Ustvarjate vsako preteklost, vsako sedanjost in vsako prihodnost. In pri ustvarjanju le-te ste svoje delo brezhibno opravili. Če mislite, da ni dovolj, kaj ustvarjate?

Š: Da ni dovolj.

R: Točno tako, ne bo dovolj. Sedaj si čestitajte. Opravili ste brezhibno delo pri ustvarjanju „ni dovolj". Čestitke, zelo dobri ste. Ste veliki in veličastni kreatorji.

Š: Pri ustvarjanju ničesar.

R: Oh ne, nekaj ste ustvarili, ustvarili ste dolg, ali ne?

Š: Ja, to je res.

R: Zelo dobri ste bili pri ustvarjanju dolga, zelo dobri ste bili pri ustvarjanju „ni dovolj", zelo dobri ste bili pri ustvarjanju zadostnega, da ste se nahranili in oblekli, ali ne? Torej ste odlično opravili ves ta del stvaritve. Kateri je torej tisti pogled, iz katerega ne ustvarjate? Brez omejitev, brez omejitev.

Š: Ali ni za to potrebno veliko prakse?

R: Ne, ni potrebna praksa.

Š: Res, ali to samo nenehno delamo?

R: Ja, vse, kar morate narediti, je BITI „Jaz sem kreativnost" – vizija vašega življenja. Kako bi radi, da bi bilo videti vaše življenje? Kakšno bi bilo, če bi ga lahko ustvarili na kakršenkoli način, ki ga izberete? Bi bili milijonar ali revež?

Š: Milijonar.

R: Kako veste, da je bolje biti milijonar kot revež? Če ste milijonar, vam lahko nekdo ukrade denar, če ste revež, vam nihče ne bo ukradel denarja. Torej, želite biti milijonar? S kakšnim namenom? Zakaj bi želeli biti milijonar? Kakšna vrednost je v tem, da ste milijonar? Videti je kot dobra ideja, vendar je samo videti kot dobra ideja, ali ne?

Š: Ja, je dobra ideja.

R: Okej, je dobra ideja. Prav. Naj se tukaj malo pozabavamo. Zaprite oči in si zamislite, da imate v dlani stodolarski bankovec. Sedaj ga raztrgajte in ga vrzite proč. Ooo, to boli.

Razred: (se smeji)

R: Sedaj si predstavljajte, da imate tisočdolarski bankovec. Sedaj ga raztrgajte in ga vrzite proč. To še bolj boli, ali ne?

Š: Ja.

R: Sedaj, deset tisoč dolarjev – zažgite jih, vrzite jih v ogenj. Zanimivo, deset tisoč dolarjev ni bilo tako težko vreči v ogenj, ali je bilo? V redu, sedaj vrzite v ogenj sto tisoč dolarjev. Sedaj vrzite v ogenj milijon dolarjev. Sedaj vrzite v ogenj deset milijonov dolarjev. Sedaj BODITE deset milijonov dolarjev. Kaj je razlika med desetimi milijoni dolarjev v ognju in tem, da STE deset milijonov dolarjev?

Š: Čutiti je veliko bolje.

R: Dobro, zakaj potem vedno ves svoj denar vržete v ogenj?

Razred: (smeh)

R: Svoj denar vedno mečete proč in ga zapravljate, kot da je to način, da bi bili srečni, kot način poskušanja in preživetja. Ne dopustite si, da bi ustvarili toliko, da bi se počutili, da ste denar, da ste voljni biti denar. Voljnost, da ste denar, je biti milijon dolarjev ali biti deset milijonov dolarjev. Da ste to – to je samo energija, nima resničnega pomena, razen če mu ga ne pripišete. Če to naredite pomembno, to naredite težko. Če je pomembno, postane trdnost in tako se ujamete. Zaboj vašega sveta so parametri, po katerih ustvarjate svoje omejitve. Samo zato, ker imate večji zaboj, ne pomeni, da je kaj manj zaboj – še vedno je zaboj. Vam je jasno?

Š: Ja.

R: Vam je všeč bistvo?

Š: Ja.

R: Dobro.

Š: Še vedno je težko. (smeh)

R: To je zanimiv pogled, je težko biti denar, heh?

Š: Ja.

R: Sedaj poglejte ta pogled. Kaj ustvarjate s tem pogledom?

Š: Vem, omejujem stvari.

R: Ja, delate jih težke, trdne in resnične. O fant, res ste dobri v tem. Čestitke, ste veliki in veličastni kreatorji.

Š: Ti dve čarobni besedi „Jaz sem".

R: Jaz sem denar, jaz sem moč, jaz sem kreativnost, jaz sem kontrola, jaz sem zavedanje. Prav, ima še kdo pogled, za katerega želi, da bi ga bolje razložili?

Š: Ali ga lahko narediš, ne da bi moral zanj delati?

R: Lahko ga narediš, ne da bi moral zanj delati. Tukaj sta dve zelo zanimivi omejitvi. Prvič, kako narediš denar – ali imaš tiskarno na dvorišču za hišo?

Š: Ne.

R: In ne da bi zanj delal – kaj je zate delo?

Š: Plačilna lista.

R: Delo je plačilna lista?

Š: Ja.

R: Torej sediš doma in jih zbiraš?

Š: Ne, delat grem.

R: Ne, zate je delo nekaj, kar sovražiš. Začuti besedo *delo*, začuti jo. Kako je čutiti? Je čutiti lahka in zračna?

Š: Ne.

R: Čutiti je kot drek, heh? (smeh). Delo, ali je delo, da pogledaš v svojo kristalno kroglo?

Š: Ne.

R: Ni čudno, da ne narediš denarja. Tega, kar delaš, ne vidiš kot delo, ali ne?

Š: Ne vem še, kaj resnično delam.

R: Zanimiv pogled. Kako si lahko „Jaz sem zavedanje" in ne veš, kaj delaš? Kaj je domneva za tem? Domneva, s katero deluješ? Ali je „Strah me je"?

Š: Ne, ne razumem.

R: Česa ne razumeš? Če dvomiš o svoji sposobnosti, ne moreš računati. Ja?

Š: No to, da dvomim o tem. Gre za to, da tega ne razumem, ne vem, kaj vidim.

R: Dobro, razpusti svoj um, poveži se s svojimi vodniki in naj te vodi krogla. Skušaš jo premisliti in ugotoviti s svojega miselnega stališča. Nisi miselni stroj, si jasnovidec. Jasnovidec ne dela drugega, kot da je tam za podobe, ki pridejo, opusti svoj um, razpusti svoja usta in jim pusti teči. Ali lahko narediš to?

Š: Ja, to delam.

R: In to narediš zelo dobro, ko dopustiš, da se to zgodi. Nezmožnost ustvariš le takrat, ko vključiš svoj um. Žalostni del je, da ne zaupaš v to, da veš. Ne prepoznavaš, da imaš kot neskončno bitje, kar si, dostop do vsega znanja v vesolju. In da si vod za prebujenje kozmične zavesti. Resničnost je, da živiš v strahu. V strahu pred uspehom, pred svojo močjo in v strahu pred svojo zmožnostjo. In za vsakega izmed vas – pod vašim strahom je jeza, intenzivna jeza in bes. In na koga ste besni? Nase. Nase ste jezni, ker pobirate in izbirate, da ste omejena bitja, kar ste, in ne da bi hodili v velikosti božje moči, kar ste, in da delujete iz omejene velikosti svojega telesa, kot da je to lupina, znotraj katere obstajate. Razširite se ven in se premaknite stran tako, da vas ni strah in da niste jezni, temveč v velikem in veličastnem čudenju svoji sposobnosti ustvarjanja. Tvoja vizija je kreativnost – ali imaš vizije?

Š: Ja.

R: Védenje kot zavedanje, védenje je gotovost, da ste povezani s svojo močjo. Ali imaš to?

Š: Ja.

R: In kontrola, ali si jo pripravljen predati kozmičnim silam?

Š: Če se bom naučil, kako.

R: Ni se ti treba učiti, kako, biti moraš „Jaz sem kontrola". Tega, kar vidiš zunaj sebe, ne moreš imeti. „Učenje kako" je način, na katerega se izčrpavaš, v svoj izračun dosežka pa vključuješ čas, kot da resnično obstaja. Vse, kar bo v prihodnosti, in vse, kar je bilo v preteklosti, veš prav zdaj. Čas ne obstaja, samo tisti, ki ga ustvarjaš sam. Če bi se rad premaknil, se moraš premakniti iz pogleda „Jaz sem kontrola" s predajo potrebe po tem, da bi ugotovil, kako priti iz točke A do točke B, ki predstavlja „Če se bom naučil". To je premik iz točke A do točke B. Proces in svojo usodo skušaš kontrolirati z zmanjševanjem. Ne moreš ju doseči od tam. Ali razumeš?

Š: Ja.

R: Ali si pripravljen pogledati svojo jezo?

Š: Ja.

R: Torej jo poglej. Kako je čutiti?

Š: Napačna.

R: In kje jo čutiš, v katerem delu telesa?

Š: V prsih.

R: Zdaj jo potisni tri čevlje (pribl. 90 cm, op. prev.) ven in iz prsi, pred sebe. Potisni jo ven. Dobro. Kako jo je čutiti sedaj? Težko ali lahko?

Š: Ne čuti se prav težko.

R: Vendar je tri čevlje stran od tebe, ali ne? To je tvoja jeza, ali je resnična?

Š: Ja.

R: Res? Zanimiv pogled. Je samo zanimiv pogled, to ni tvoja resničnost. Ustvaril si jo, si stvaritelj svojih čustev, si stvaritelj vsega v svojem življenju, si stvaritelj vsega, kar se prikazuje v tvojem življenju. Ustvarjaš, in če moraš v izračun vključiti čas, potem vzemi čas v desetsekundnih razmikih. Dobro, sedaj ti bomo tukaj dali izbiro. Imaš deset sekund do konca življenja in pojedel te bo tiger. Kaj boš izbral?

Š: (ni odgovora)

R: Tvoj čas je potekel, tvoje življenje je končano. Imaš deset sekund do konca življenja, kaj boš izbral? Boš jasnovidec ali ne? Nisi izbral, tvojega življenja je konec. Imaš deset sekund do konca življenja, kaj boš izbral?

Š: Da sem.

R: Ja, da si, izberi nekaj. Ko izbereš, tako ustvarjaš svoje življenje, tako izbereš, da si jasnovidec, kar si, izberi, da boš bral iz kristalne krogle, v desetsekundnih intervalih. Če bi moral sedaj pogledati v svojo kroglo in bi v teh desetih sekundah videl sliko, bi znal odgovoriti, kaj je?

Š: Ja.

R: Prav, lahko. Tega življenja je konec, imaš deset sekund življenja, kaj boš izbral? Sliko in kroglo in govorjenje ali ne izbereš nič?

Š: Sliko in kroglo.

R: Dobro, torej jo izberi, izberi jo vsakič in vsakič. Vsakih deset sekund izbereš na novo, na novo izbereš, dajmo. Svoje življenje izbiraš v desetsekundnih razmikih, izbiraš iz pričakovanja prihodnosti, ki nikoli ne pride, ali črpaš iz preteklosti, ki je osnovana na tvojih izkušnjah, z idejo, da bo to ustvarilo nekaj novega, medtem pa ohranjaš enak pogled. In potem se čudiš, zakaj se tvoje življenje prikazuje vedno na enak način? Ali izbiraš kaj novega? Trenutek za trenutkom izbiraš: „Nimam dovolj, nočem iti na delo."

Sedaj vam bomo predlagali, katere besede izločite iz svojega besednjaka. Iz svojega besednjaka morate izločiti pet besed. Prva: beseda *hoteti*. *Hoteti* ima 27 različnih definicij, ki pomenijo „manjkati". V angleškem jeziku je beseda *hoteti* tisočletja pomenila „manjkati", vi pa ste živeli že več življenj, v katerih ste govorili angleško. In koliko let v tem življenju ste uporabljali besedo *hoteti*, kot da s tem ustvarjate željo? Kaj ste v resnici ustvarili? Hoteti, pomanjkanje; ustvarili ste pomanjkanje. Torej ste veliki in veličastni kreator, čestitajte si.

Š: (se smeji)

R: Druga: *potreba*. Kaj je potreba?

Š: Pomanjkanje.

R: Je zmanjševanje védenja, da ne morete imeti, ne morete *imeti* ničesar, če potrebujete. Potrebi vedno sledi pohlep, ker boste poskušali dobiti. Tretja: in potem pridemo do *poskusiti*. *Poskusiti* je nikoli doseči, *poskusiti* je, da ne naredimo nobene izbire, *poskusiti* je narediti nič. Četrta: potem imamo *zakaj*. *Zakaj* je vedno razpotje na poti in vedno boste prišli nazaj na začetek.

Š: Ne vidim tega.

R: Poslušaj dveletnika in razumel boš.

Š: (Smeh). Nikoli ne dobiš odgovora.

R: Peta: *toda*. Kadarkoli rečete „toda", negirate svojo prvo izjavo. „Rad bi šel, toda ne morem si privoščiti." Okej, ne bodite potreba. S „potrebujem" rečete, da „nimam". „Hočem" je reči „Manjka mi". „Poskusil bom" pravi „Ne bom naredil". „Jaz – toda", raje se potrepljajte po ritki. Naslednje vprašanje.

TRETJE POGLAVJE

Katera tri čustva imate, ko pomislite na denar?

Rasputin: Prav, kdo se želi javiti za naslednje vprašanje?

Študent: Številka tri?

R: Številka tri. Ja. Kakšno je vprašanje?

Š: Katera tri čustva imate v zvezi z denarjem?

R: Katera tri čustva, ja. Katera tri čustva imate v zvezi z denarjem?

Š: Mmmm ...

R: Tri čustva, ko pomislite na denar.

Š: Prvo, ki se je pojavilo, mi ni bilo preveč všeč, vendar je bil strah.

R: Strah? Dobro. Kakšno domnevo bi torej morala imeti, da bi imela strah v zvezi z denarjem?

Š: Razlagam si jo kot drugačno, razlagam jo na drug način – da sem se bala njegove odstotnosti, ki ...

R: Ja. Zato je čustvo tam, bojiš se njegove odsotnosti, ker je osnovna domneva ...

Š: Da ga potrebujem.

R: Zapiši.

Š: In raztrgaj.

R: Zapiši in raztrgaj.

Š: Vprašala vas bom grozno vprašanje.

R: Okej.

Š: Okej, grem v trgovino; potrebujejo, hočejo nekaj v zameno, kar bom vzela pri njih (smeh).

R: Hočem, hočem, kaj je hočem?

Š: (smeh)

R: Manjka jim, *hoteti* pomeni primanjkovati. To je druga umazana beseda, ki jo morate odstraniti. Vendar, po kaj greš v trgovino?

Š: Okej, hrano.

R: V redu. Torej greš v trgovino po hrano, kaj te sili k razmišljanju, da potrebuješ hrano?

Š: Šalite se. Dobro, vem da jo *potrebujem*.

R: *Potrebujem*? Ponovno zapiši.

Š: *Hočem*.

R: Zapiši in tudi to vrzi stran. *Potrebujem* in *hočem* ni dovoljeno.

Š: Vendar postaneš lačen.

R: Resnično? Potegni energijo v svoje telo, v celotno sebe, daj noter energijo. Ja, se počutiš lačno? Ne. Zakaj ne ješ več energije in manj hrane?

Š: To bi bilo za nekaj časa zelo dobro, ker bi izgubila nekaj teže, vendar bi začelo boleti. (smeh)

R: Točno tako. Če boš tjale prejela dovolj energije, boš morda velikanski balon.

Š: Kaj pa moji prijatelji, ki pridejo na obisk, vključno s človekoma, ki trenutno spita v moji hiši?

R: Kdo je rekel, da ju moraš hraniti? Kako to, da ti ne prispevata?

Š: Saj prispevata.

R: Strah te je, da ne boš prejela. Strah te je tega, da denar deluje samo v eni smeri, in to je stran od tebe. Kadarkoli začutiš strah, ustvariš *potrebo* in *pohlep*.

Š: Res?

R: Ja.

Š: Sveta marička, prav imate. Zdi se mi, da sem pravkar spoznala še eno stvar, ki je osnovni sistem prepričanj ali da to ni resnično dobra stvar.

R: Ni dobro prejemati.

Š: Ni dobro imeti preveč.

R: Ni dobro prejemati.

Š: Prav. Ali prejemati od drugih.

R: Prejemati in pika.

Š: Prav.

R: Od vsepovsod. Prav. Kaj … če te je strah, nisi pripravljena prejemati, ker misliš, da si jama brez dna, in živiš v globoki, temni luknji. Strah je vedno luknja v tebi, je prostor brez dna. Strah iz tebe naredi potrebo, pohlep in v tem procesu postaneš kreten. Prav?

Š: Prav.

R: Naslednje čustvo.

Š: Želja po več.

R: Želja, ah, seveda. Ah, seveda – sedaj želja – kaj je to? Greš ven in pomigaš z boki, da bi dobila več?

Š: (smeh) Vem, da ni bilo najboljše.

R: Želja ima pomen in avtomatično imaš – „dobi več". Ali opaziš – dobi več – nezadostnost, ki gre skupaj s strahom.

Š: Veste, ne samo, da bi dobila več denarja, ampak …

R: Dobi več, pika. Denar nima nič z resničnostjo tega, kar izkušaš. Denar je predmet, okoli katerega ustvarjate resničnosti ničesar, ne dovolj, resničnost *hotenja*, potrebe, želje in *pohlepa*. In enako je za vse na tej ravni. Od tu deluje ta svet.

Odličen primer tega imate v tem, čemur pravite vaša osemdeseta in je bila resnica tega sveta, odkar ste se odločili, vse, kar ste se odločili, da je denar nujen. Nujnost. Kaj je nujnost? Nekaj, brez česar ne morete preživeti. Vi kot bitja ste preživeli milijone življenj in se niti ne morete spomniti koliko denarja ste imeli ali koliko denarja ste zapravili ali kako ste to naredili. Pa vendar ste še vedno tukaj in še vedno živite. In vsak med vami je bil sposoben priti do mesta, kjer ste o tem razumeli več.

Ne delujte iz domneve, da je nuja, ni nuja, to je vaš dih, je, kar ste, ste denar v popolnosti. In ko začutite sebe kot denar in ne kot nujo, se širite. Ko pa se v odnosu do denarja čutite kot nuja, se pomanjšate in zaustavite tok energije in denarja. In tvoje tretje čustvo?

Š: Sreča.

R: Ah! Sedaj – sreča, v kakšnem pogledu? Sreča, ko ga porabite, sreča, ko ga imate v žepu, sreča, ko veste, da prihaja, sreča zato, ker je denar? Ali lahko samo pogledate dolarski bankovec in ste srečni?

Š: Ne.

R: Kateri del tega ti prinese srečo?

Š: Védenje, da lahko dosežem ali naredim določene stvari.

R: Torej, z denarjem kupiš srečo?

Š: Dobro, uporabila sem napačno besedo, mmm...

R: Kako sreča pride z denarjem?

Š: Ni nujno, da sploh pride z njim.

R: Torej, kako čutiš srečo v povezavi z denarjem? Ko ga imaš dovolj? Ko ga imaš veliko? Ko se počutiš varno?

Š: Ja, varnost.

R: Varnost. Zanimiv pogled.

Š: Vendar ni takšne stvari, kot je varnost.

R: Dobro, je. Je varnost. Varnost je v védenju in zavedanju sebe. Edina varnost, ki je, edina varnost, ki jo lahko zagotoviš, je ta, da boš šla skozi življenja in zapustila to telo in imela priložnost, če boš želela, priti nazaj in poskusiti ponovno biti obilnejša kreatura na tem svetu. Toda sreča je v tebi, imaš srečo, ti si sreča, ne dobiš je z denarjem. Če želiš biti srečna, je potrebno le, da si srečna. To je vse. In srečna si, razen kadar izbereš, da si žalostna. Prav?

Š: Prav.

R: Ima še kdo drug čustva, o katerih bi želel govoriti?

Š: Ja, rad bi slišal nekoliko več o strahu.

R: Ja.

Š: Zato, ker sem porabil ogromne količine energije za strah.

R: Ja.

Š: In za strahom, pod strahom je vedno jeza.

R: Ja, točno tako. In na kaj si resnično jezen? Na koga si jezen?

Š: Nase.

R: Točno tako. In zakaj si jezen?

Š: Zaradi občutka praznine.

R: Da nisi vzel svoje moči.

Š: Hmm, hm.

R: Da nisi v popolnosti ti. Čutiš to?

Š: Ja.

R: Sedaj obrni to v drugo smer. Kako je sedaj čutiti to?

Š: Olajšanje.

R: Ja, in tako se znebiš strahu in jeze ter narediš prostor zate. Ker, če pogledaš, v tvojem vesolju sploh ni strahu, a ne?

Š: Ne.

R: In resnična jeza, ki jo lahko izraziš, je jeza na druge, ker je tvoja resnična jeza jeza nase in kjer si zavrnil, da bi popolnoma vzel resnico svoje energije. Torej, si lahko moč, ki si, energija, ki si? Torej opusti to, nehaj se tega oklepati. Huh, olajšanje, ha?

Š: Ja.

R: Sedaj moraš to vaditi, okej?

Š: Ja.

R: Ker si se pomanjšal, kot vsi drugi v tej sobi – nenehno, milijarde let, da niste vi, da niste moč. In to ste naredili zato, da ste potlačili svojo lastno jezo. Zanimivo, kajne? Jeza nase. In tukaj med vami ni nikogar, ki ne bi bil jezen nase, da si ni v polnosti dovolil biti moč, kar je. No, to je odpihnilo nekaj stvari. Dobro, ali še kdo želi govoriti o svojih čustvih?

Š: Ponovno bi rad govoril o strahu s svojega stališča. Ko me je strah, se skrčim, se zaprem.

R: In kje to čutiš?

Š: V svojem solarnem pleksusu.

R: Dobro, torej obrni to ven, obrni to ven. Tako, takole. Kako je videti sedaj?

Š: Jokavo.

R: Dobro. In kaj je pod solzami?

Š: Jeza.

R: Jeza. Ja, tam, ta stvar, ki si jo zavozlal v majhen vozel tam notri. To imaš dobro skrito, ha? Misli si. Prav, ne je izpustiti ven, ne je v celoti izpustiti ven. Začuti jezo, naj pride iz tebe. Ja, tam, to je. Sedaj začuti razliko in ekspanzijo. Čutiš to?

Š: Ja, čutiti je zelo dobro.

R: Ja, čutiti je zelo dobro. To je tvoja resnica. Širiš se, kot da je to nekaj zunaj tvojega telesa, kot da nimaš sposobnosti, da si sploh povezan s tem prostorom. Ko opustiš jezo, začuti resničnost povezave s sabo v popolnosti, ne kot neka duhovna entiteta, ampak kot resnica sebe. Tam sta umirjenost in mir, ki te zaobjameta, ko to v resnici narediš. Popolnoma jo spusti ven. Takole, tam.

Š: Sem, dojel sem.

R: Čutiš. To je zaupanje v to, kdor si, to je moč. Vse preostalo odstranimo.

Š: Je kot, čutiti je, kot da sem prišel k sebi.

R: Točno tako. To je popolna povezava, popolna zavest, popolno zavedanje in kontrola. Kako je s tega mesta čutiti kontrolo?

Š: Čutiti je precej drugače kot druga kontrola.

R: Ja, druga je poskušanje kontrolirati svojo jezo, ali ne?

Š: Ja, se mi zdi.

R: Torej, ultimativno poskušaš kontrolirati svojo jezo. Resnica je, da si ne dopuščaš, da bi zasijal. Tam je mir, tam je umirjenost in tam notri je veličastnost. Vendar si vse to strpal pod jezo. Ker misliš, da je tvoja jeza neprimerna, se pomanjšuješ. Poskušaš jo kontrolirati in poskušaš kontrolirati vse okoli sebe, kot način, da se skriješ pred sabo. Jezen si nase. Bodi pomirjen s sabo.

Takole, prav tam. Ali čutiš to?

Š: Prav.

R: Ja, to je to. In to si ti. Začuti, kako se tvoja energija širi.

Š: Oh, to je tako drugače.

R: Ekstremno. Ja, to je to, dinamično ti, to je tisto, kar resnično si. Prav.

Š: In je črnina in mislim, da imam nekaj kontrole v zvezi s tem in …

R: Prav.

Š: Vem tudi, na tej točki tudi nekaj izven kontrole.

R: Kje torej čutiš črnino?

Š: Videti je, kot da mislim, da grem raje v to, kot to v mene, nisem prepričan.

R: Kje jo čutiš? Je zunaj tebe? Je v tebi? Zapri oči, začuti črnino. Kje jo čutiš?

S: Mislim, da v spodnjem delu trebuha, in potem pustim, da me zajame.

R: Dobro. Torej kako misliš, da čutiš? To je v tvoji glavi …

Š: Okej, deluje.

R: … da izkušaš črnino? In kaj je to, je občutek, da z denarjem ni povezanega nič drugega kot črnina. In da ima nekako ta črnina opravka z zlom in zato absolutno ni dovoljeno, da bi to prejeli. Tam, si začutil obrat? Obrni jo, ja tam. Obrni jo v belo, tako, začuti, kako se odpira tvoja krona. Ja, in sedaj lahko to, kar imenuješ črnina, izteče ven. To, kar je tvoja resničnost, je sedanjost. Začuti razliko v svoji energiji. Opustiti moraš idejo, čustvo o zlu resničnosti, ker to ni resničnost. Je le zanimiv pogled. V redu? Še kakšna druga čustva?

Š: Zdi se mi, da je moje prevladujoče čustvo v zvezi z denarjem ambivalentnost *(op. prev.: „notranji konflikt" oz. hkratno uveljavljanje protislovnih čustev)*.

R: Ambivalentnost? Ambivalentnost, ja. Kaj je ambivalentnost? Kje jo čutiš?

Š: Čutim jo v spodnjem predelu pleksusa in v spodnjih čakrah.

R: Ja, ambivalenca je v zvezi z nepoznavanjem tega nivoja. Občutek, da denar pripada nečemu, česar ne razumeš. Ali čutiš spremembo v svojih čakrah?

Š: Ja.

R: To je rezultat tega, da si se povezal z dejstvom, da si zavedanje, in kot zavedanje si denar, kot zavedanje si tudi moč in vse čakre so povezane v energijo tebe. Takole, ali ambivalenca v tebi še vedno obstaja?

Š: Ne.

R: Dobro. Prav, še kakšna čustva?

Š: Jaz imam eno.

R: Ja.

Š: Odpor in sram.

R: Odpor in sram, zelo dobri čustvi. Kje ju čutiš?

Š: Mislim, da ju čutim …

R: Misliš čustva?

Š: Ne. V trebuhu in pljučih.

R: V trebuhu in pljučih. Torej, zate je denar dihanje in prehranjevanje. Sram, obrni ga ven, obrni ga ven, premakni ga ven iz trebuha. Ja, ali čutiš to? Ali čutiš, kako se energija tvoje trebušne čakre sedaj odpira?

Š: Ja.

R: Dobro. In kaj je tvoje drugo čustvo?

Š: Odpor.

R: Odpor. V pljučih. Odpor, ker misliš, da se moraš zadušiti, da bi ga dobil. S tvojega stališča se moraš zadušiti, da bi dobil denar. Je to resničnost?

Š: Ja.

R: Je?

Š: Ne, ne, ne.

R: Prav.

Š: Prepoznavam jo kot bitje...

R: Tega, kako deluješ?

Š: Ja.

R: Dobro. Torej obrni ta dih in ga izdihni. Dobro, sedaj vdihni denar. Dobro, in izdihni sram. In vdihni denar skozi vsako poro svojega bitja in izdihni odpor. Kako je sedaj čutiti to? Nekoliko svobodneje?

Š: Ja.

R: Dobro. Želi še kdo govoriti o čustvu?

Š: Strah.

R: Strah, še katera čustva?

Š: Tesnoba in olajšanje.

R: Ti denar prinese olajšanje?

Š: Ja.

R: Kdaj?

Š: Ko pride k meni.

R: Hm, zanimiv pogled. Tesnoba in strah, naj ta dva pogledamo najprej, ker sta enaka. Kje čutiš strah ali tesnobo? V katerem delu telesa?

Š: V trebuhu.

R: Trebuh. Prav, potisni to iz svojega trebuha, tri čevlje pred sebe. Kako je to videti?

Š: Sluzasto in zeleno.

R: Sluzasto?

Š: Ja.

R: Ja. Kaj je razlog, da je sluzasto in zeleno?

Š: Ker ga ne morem kontrolirati.

R: Ah, zanimiv pogled, ni kontrole. Sebe vidiš, kot da nisi „Jaz sem kontrola", ali ne? Si praviš: „Ne morem kontrolirati, nimam kontrole." To je domneva, iz katere deluješ. „Nisem kontrola, nisem kontrola." Tako si zelo dobro ustvarila strah in tesnobo.

Š: Ja.

R: Dobro. Si velika in veličastna kreatorka, zelo dobro narejeno! Si kdaj čestitaš za svojo kreativnost?

Š: S sramom, ja.

R: Oh, zanimiv pogled. Zakaj s sramom?

Š: Ker nisem vedela bolje.

R: Ja, vendar to ni pomembno, ali si vedela bolje. Pomembno je, da sedaj razumeš, da si kreatorka in da si naredila veličastno delo ustvarjanja. To pomeni, da lahko izbereš drugače in ustvariš drugačen rezultat.

Š: Za to potrebuješ disciplino.

R: Disciplino? Ne.

Š: Če imaš srečo.

R: Ne, z <u>močjo</u>! Ti si energija moči. „Jaz sem moč, jaz sem zavedanje, jaz sem kreativnost, jaz sem kontrola, jaz sem denar." Prav? Tako ustvariš spremembo, da postaneš „Jaz sem", kar si, namesto, da si „Jaz sem", kar si bila. Začni gledati, kje si v zvezi z denarjem ustvarila stališča trdnosti in kako je to čutiti. Ko začutiš, da to vpliva na del tvojega telesa, to porini ven iz telesa in vprašaj: „Iz kakšne domneve, ki je niti ne vidim, delujem tukaj?" In si dopusti, da imaš odgovor. Potem si dopusti, da je odgovor po vsem tem le zanimiv pogled.

In kaj lahko izberem sedaj? Izbiram „Jaz sem kreativnost, jaz sem zavedanje, jaz sem kontrola, jaz sem moč, jaz sem denar". Če ustvarjaš „Jaz nisem", če ustvarjaš „Ne morem", ne boš mogla. Prav tako si čestitaj za to, kar si ustvarila z velikim in veličastnim užitkom. Nič ni narobe v zvezi s tem, kar si ustvarila, razen tvoje lastne sodbe o tem. Če bi bila klošarka na ulici, ali bi bila to boljša kreacija od tega, kar imaš trenutno, ali slabša?

Š: Slabša.

R: Zanimiv pogled.

Š: Ne, če ne veš.

R: To je res, ne, če ne veš. Sedaj védi, da imaš izbiro, lahko ustvarjaš. Sedaj, kaj bi se zgodilo, če bi ti sosedje rekli, da ta teden ne prejmeš plačila, ker „Bom vzel ves tvoj denar, da popravim ograjo, ki si jo pokvarila"?

Š: Zanimiv pogled.

R: Točno, to je zanimiv pogled, to je vse, kar je. Če se temu začneš upirati ali na to reagirati, to narediš trdno in potem ti bo tvoj sosed vzel denar.

Š: Torej, kar nam pravite je, da če nekdo k nam pride z negativnim ...

R: S kakršnimkoli pogledom o denarju.

Š: Prav, to je zanimiv pogled.

R: Začuti svojo energijo, ko to narediš.

Š: Okej, in potem grem takoj v „Jaz sem"?

R: Ja.

Š: Dojela sem. Posvetilo se mi je.

R: In ko čutiš vpliv na svoje telo, vpliv določenega pogleda, tesnobe ali strahu – kaj je to?

Š: Da ga vzameš ven in potisneš stran od sebe.

R: Ja. In ko govoriš o tesnobi in strahu v svojem trebuhu, ali govoriš o tem, da nisi dovolj nahranjena?

Š: Ne.

R: Ali govoriš o tem, da nisi dovolj negovana? O čem torej govoriš? Govoriš o telesu. Denar čutiš kot funkcijo svojega telesa, kot da je resničnost tretje dimenzije. Je denar resničnost tretje dimenzije?

Š: Ne.

R: Ne ni, pa vendar ga skušaš narediti takšnega. Poglej svoje poglede na denar – je varnost, je hiša, so računi, je hrana, zatočišče, obleke. Je to res?

Š: Ja, z denarjem to kupiš.

R: To je tisto, kar z denarjem kupiš, vendar to narediš na podlagi izbire, ali ne?

Š: Oh, nuja.

R: To izbiraš v teh desetih sekundah. Nuja, ha? Zanimiv pogled. Ali izbiraš obleke, ki jih nosiš, z nujo?

Š: Ja.

R: Res?

Š: Ja.

R: Ali jih ne izbiraš zato, ker so lepe ali ker si v njih dobro videti?

Š: Večino časa me grejejo.

R: Kaj pa poleti, ko nosiš bikini?

Š: Kul in takrat sem videti dobro. (smeh)

R: Prav, torej izbiraš, ne nuja, ampak kako se želiš počutiti? Počutiti?

Š: Ja, toda potrebuješ …

R: Toda! Vrzi to besedo stran.

Š: Fuj. (smeh) Moraš imeti čevlje in še vedno …

R: Kako to, da moraš imeti čevlje, lahko hodiš bosa.

Š: Mogoče lahko, vendar …

R: Seveda lahko.

Š: Potrebujem jih, zunaj je mrzlo.

R: Potrebuješ, ha?

Š: Spodnje perilo in nogavice …

R: Potrebuješ, ha?

Š: Moraš imeti.

R: Je rekel kdo? Kako veš, da se ne moreš pogovoriti s svojim telesom in ga prositi, da se ogreje?

Š: Kaj pa …

R: Ali ti kot bitje sploh potrebuješ telo?

Š: Ja, to bi bilo kul.

R: To je kul.

Razred: (smeh)

R: Ja?

Š: Dobro, morate imeti hrano, nosite čevlje.

R: Mi ne nosimo ničesar. Gary nosi čevlje, ker je slabič, v snegu ne bo hodil brez njih.

Razred: (smeh)

R: Misli, da je hladno.

Š: Saj je.

R: Dobro, to je zanimiv pogled. Morali bi poskusiti Sibirijo, če želite mraz.

Š: Kaj pa vaši otroci, kadar so lačni?

R: Kolikokrat je bil vaš otrok lačen?

Š: Nekajkrat.

R: Kako dolgo so bili lačni?

Š: Eno noč.

R: In kaj si naredila?

Š: Dobila sem denar od svojega očeta.

R: Ustvarila si ga, ali ne?

Š: Ja.

R: Ali si si čestitala za svoje kreativne sposobnosti?

Š: Ja, zahvalila sem se očetu.

R: Dobro, to je en način ustvarjanja. Ustvarjanje, kreativnost je zavedanje sebe. Bodi „Jaz sem kreativnost", bodi „Jaz sem zavedanje", bodi „Jaz sem moč", bodi „Jaz sem kontrola", bodi „Jaz sem denar". Upirate se: *„vendar"*, *„potreba"*, *„zakaj"*, *„moraš"*, *„je nujno"* so vse pogledi *„Ne morem imeti"* ali *„Ne zaslužim si"*. To so pod tem ležeča mesta, iz katerih delujete. To so pogledi, ki ustvarjajo vaše življenje. Ali želite ustvarjati od tu?

Š: No, to lahko vidim v vsakem vidiku denarja.

R: Ja, toda denar, ker vidiš denar kot drugačen. Kot kaj vidiš denar – kot vir vsega zla?

Š: Ja.

R: Čigav pogled je to? V resnici ni tvoj, ampak si ga kupila. Hudič me je prisilil, heh? Vidiš, to je resničnost, ki jo ustvarjaš kot drugačno, kot nekaj, kar ni del tvoje kreativnosti.

Š: Torej, če si rečem vse „Jaz sem", bo to v moj žep prineslo denar?

R: Začel bo prihajati v tvoj žep. Vsakič, ko dvomiš, odškrneš košček temelja, ki ga ustvarjaš. Naj povemo takole, kolikokrat si rekla „Hočem denar"?

Š: Vsak dan.

R: Vsak dan. Hočem denar. Kar govoriš, je: „Primanjkuje mi denarja." Kaj si ustvarila?

Š: Vendar je res.

R: Kaj je res? Ne, to je samo zanimiv pogled. Ustvarila si točno to, kar si rekla: „Hočem denar." To si naredila nezavedno, vendar si to ustvarila ti.

Š: No, kaj pa, če hočem zadeti na loteriji?

R: Če ti „primanjkuje" zadetka na loteriji, boš točno to ustvarila – pomanjkanje zadetka na loteriji.

Š: To, o čemer govorite, je moč zaznavanja.

R: Moč tvojih besed, tvojega zavedanja, ustvarja resničnost tvojega sveta. Hočeš preprosto vajo? Reci „Nočem denarja".

Š: Lahko namesto tega izberemo nekaj drugega?

R: Reci „Nočem denarja".

Š: Nočem denarja.

R: Reci „Nočem denarja".

Š: Nočem denarja.

R: Reci „Nočem denarja".

Š: Nočem denarja.

R: Reci „Nočem denarja".

Š: Nočem denarja. To mi zveni tako negativno.

R: Res? „Ne primanjkuje mi denarja" je negativno?

Š: Vendar hočemo denar.

R: Nočete denarja!

R: To je prav. Nočem denarja. Začuti energijo tega, začuti, kako se počutiš, ko rečeš: „Nočem denarja." *Hoteti* pomeni pomanjkanje, poskušajte se držati opredelitve. Jaz sem denar. Ne morete biti „Imam denar", ne morete imeti nečesa, kar niste. Kreativnost ste že z „Hočem denar" in tako ste ustvarili obilje pomanjkanja, ali ne?

Š: Ja.

R: Dobro, lahko sedaj rečete: „Nočem denarja."

Š: Nočem denarja. (velikokrat ponovi)

R: Sedaj začuti svojo energijo, lažja si. Torej čutiš to?

Š: Ja, omotična sem.

R: Omotična si zato, ker si ustvarila zlom strukture resničnosti, kot si jo ustvarila. Vsi jo imate; recite to in začutite, kako postanete lahkotnejši in da je v vašem življenju več smeha, ko rečete: „Nočem denarja."

Š: Lahko rečeš „Bogat sem"?

R: Ne!! Kaj je bogat?

Š: Sreča.

R: Res. Ali misliš, da je Donald Trump srečen?

Š: Ne, ne denarno bogat.

Š: Oh, kot da denar kontrolira, kar moramo.

R: To je zanimiv pogled. Kje si ga dobila?

Š: Zato ...

R: Kje si dobila ta pogled?

Š: To idejo sem dobila z razmišljanjem ...

R: Vidiš, to je ta zadeva z razmišljanjem, ko zaideš v težave. (smeh) Si se počutila dobro?

Š: Ne.

R: Ne, ni čutiti dobro, ni res. Če rečeš „Bogata sem", je to čutiti dobro?

Š: Bilo bi čutiti dobro.

R: Oh, zanimiv pogled – bilo bi čutiti dobro? Kako veš, si bila bogata?

Š: No, imela sem denar in ...

R: Si bila bogata?

Š: Ne.

R: Ne. Si lahko bogata?

Š: Ja.

R: Res? Kako si lahko bogata, če vedno rečeš samo „Če bi bila"? Vidiš, gledaš prihodnost in pričakovanja o njej in kakšna bi naj bila, ne, kar je.

Š: To je, kot da imaš šefa, ki ti bo plačal, in moraš narediti, kar ti reče, in moraš …

R: Imaš šefa, ki ti plačuje?

Š: Trenutno ne, vendar …

R: To ni res - imaš šefa, ki ti plačuje in ne plačuje te prav dobro, ker ne vzame denarja za tisto, kar lahko naredi. Ti si to, ljubica! Ti si svoj šef. Ustvari svoj posel, ustvari svoje življenje in dopusti, da pride do tebe. Zataknila si se v omari in praviš: „Ne morem, ne morem, ne morem. Kdo ustvarja ta pogled? Kaj se zgodi, če rečeš: „Lahko in razumem," namesto „Ne morem in ne razumem?" Kaj se zgodi s tvojo energijo? Začuti svojo energijo.

Š: Zataknila sem se v pogledu, da otroci brez denarja ne morejo jesti.

R: Kdo je rekel, da boš brez denarja? Ti, ti domnevaš, da ne boš imela denarja, razen če boš naredila nekaj, kar sovražiš. Kako pogosto gledaš na delo kot na zabavo?

Š: Nikoli.

R: To je pogled, to je pogled za tem. Pa vendar praviš, da je tvoje delo delo s kristalno kroglo. Torej se nikoli ne vidiš, kot da se zabavaš? Ali ljubiš to, kar delaš?

Š: Ja.

R: Torej kako to, če delaš, kar ljubiš, da si ne moreš dovoliti prejeti?

Š: Ne vem še dovolj, potrebujem več informacij.

R: Ne potrebuješ več informacij, na voljo ti je deset tisoč let življenj, v katerih si brala iz kristalne krogle. Kaj imaš sedaj povedati o učenju, razen, o, drek?

Razred: (smeh)

R: Ujeta, ujeta, sedaj se ne moreš nikamor več skriti.

Š: Torej prebrala sem, kar sem videla v kristalni krogli in ni bilo točno. Počutila sem se kot kreten.

R: Ja. (smeh) Kako veš, da ne bo točno?

Š: No …

R: No …

Š: Ne vem.

R: Torej bodo še prišli nazaj?

Š: Ne vem.

R: In ko boš to naredila za drugo osebo in ko boš to naredila pravilno, ali bodo prišli nazaj?

Š: Ja, rekla bi, da ja.

R: Torej, kako to, da praviš, da tega že ne veš? Komu lažeš?

Š: Kaj?

R: Komu lažeš?

Š: Je, je ...

R: Komu lažeš? Komu lažeš?

Š: Prisežem, ne vem, kaj vidim.

R: To ni res, to ni res. Kako to, da imaš stranke, ki se vračajo k tebi, ki mislijo ...

Š: Prav sem videla.

R: Ja, prav si videla. Zaradi česa misliš, da ne prejemaš prav ves čas? Koliko strank imaš, ki se ne vrnejo k tebi?

Š: Nobene.

R: Fant, to je težak primer, veliko jo moramo prepričevati, ali ne? Definitivno bo zagotovila, da v svojem življenju ne bo imela denarja in obilja in uspeha. Imaš zanimivega šefa. Ne samo, da se ne plačuješ dobro, ne priznavaš si niti, da imaš dovolj posla. Čeprav si zato, da bi vedela, da dobro delaš, ustvarila stranke, ki se vedno znova vračajo. Ali veš, za koliko bi se moralo povečati število strank, da bi v svojem življenju imela obilje?

Š: Mogoče za trideset na teden.

R: V redu, lahko dopustiš tridesetim dodatnim, da pridejo k tebi?

Š: Ja, brez problema.

R: Brez problema?

Š: Brez problema.

R: Si prepričana?

Š: Ja, o tem sem prepričana.

R: V redu, si lahko dopustiš, da imaš sto tisoč dolarjev? Milijon dolarjev?

Š: Ja.

R: Deset milijonov dolarjev?

Š: Ja.

R: V redu, nekoliko si se preobrnila sedaj, najlepša hvala, to vsi cenimo. Ti si kreator, veliki in veličastni kreator. Vsakič, ko zaključiš napoved, ki jo ljubiš, si čestitaj. Svoje delo naredi iz ljubezni, ne biti delo, bodi zabava. Če se zabavaš pri tem, kar delaš, nimaš dela. Delo je čutiti kot drek, zabava je zabavna in to lahko delaš za vedno. Ti ustvarjaš, kar je, nihče drug. Lahko točiš gorivo in se zabavaš, lahko umivaš okna in se zabavaš, lahko čistiš stranišča in se zabavaš. Za to boš plačana in imela boš velik in veličasten uspeh. Vendar samo, če se boš s tem zabavala. Če to vidiš kot delo, si že ustvarila nekaj, kar sovražiš. Ta nivo je le to: delo je težko, zahtevno in bolečina. Zanimiv pogled, ne?

Š: Kaj če ne veš, kaj hočeš delati?

R: Vendar ti veš.

Š: Vem, vendar pred tem nisem vedela, vodena sem bila do tega.

R: In kako si bila vodena do krogle? Dopustila si, da sta se povezala intuicija in vid in prosila si kozmos, da se uskladi s tvojo vizijo in ti da tisto, kar si želela. Ustvarjala si z vizijo, imela si moč svojega bitja, védenje, zavedanje, gotovost, da se bo pojavilo, in kontrolo, da si vesolju dopustila, da ti priskrbi. Torej že imaš vse elemente „Jaz sem denar". Si dojela?

ČETRTO POGLAVJE

Kako je za vas čutiti denar?

Rasputin: Dobro. Torej naslednje vprašanje – kdo se želi javiti za naslednje vprašanje?

Š: Jaz.

R: Ja. Kaj je naslednje vprašanje?

Š: Kako je za vas čutiti denar?

R: Kako je čutiti, ja točno.

Š: Je to potem drugače od čustev, ki jih čutiš v zvezi z denarjem?

R: No, ne nujno.

Š: Rekla sem: „Oh, čudovito.“

R: Torej, kako čutiš denar?

Š: Sedaj je čutiti zelo zmedeno.

R: Zmedeno je. Ali čutiš, da je denar, ta zmešnjava, čustvo?

Š: Čustvo in misel.

R: Je stanje uma, ja.

Š: Ja.

R: Torej, se spomniš, ko smo govorili o tem, kaj je omotica?

Š: Ja.

R: Si odprla svojo kronsko čakro in dovolila, da se je premaknila ven? Zmeda je ustvarjena slika denarja. Kakšno domnevo bi morala imeti, da imaš zmedo? Morala bi domnevati, da ne veš. Domneva bi bila „Ne vem, pa bi morala vedeti“.

Š: Zato se počutim zmedeno.

R: Ja. Ne vem, morala bi vedeti. To so nasprotujoči si pogledi, ki ustvarjajo zmedo in so samo zanimivi pogledi. Ali čutiš obrat, ko to rečeš za vsakega izmed njiju? Morala bi vedeti, ne vem. Zanimiv pogled, da ne vem. Zanimiv pogled, da bi morala vedeti. Zanimiv pogled, da ne vem. Zanimiv pogled, da bi morala vedeti. Kako je zmedenost čutiti zdaj?

Š: No, razen dejstva, da …

R: Seveda.

Š: V tem trenutku se mi zdi zelo neresnično, da so perspektive zame denar in energija, moč in kreativnost v svoji čistosti, zdijo se zelo jasne, ko se ne ukvarjam z denarjem, kjer mi ga ni treba imeti.

R: Kaj je domneva, iz katere deluješ?

Š: Da je tukaj nekaj, česar resnično ne razumem.

R: Točno tako.

Š: To je resnični problem.

R: To ni problem, to je domneva, iz katere deluješ, ki ti avtomatično govori, da je drugačna od tvoje resničnosti. Tvoja domneva je, da fizična resničnost ni enaka duhovni resničnosti kot resničnosti tega, kdo resnično si. Ta čistost na tem nivoju ne obstaja, te čistosti nikoli ne moreš prinesti na ta nivo.

Š: Tako je.

R: To so domneve, napačne informacije, iz katerih si ustvarila svojo resničnost.

Š: No, zmede me tudi dejstvo, da so tukaj tudi druga bitja, ki imajo drugačne resničnosti, in da je videti, kot da za druge ljudi ni zmede. Ljudje sami, pogledi drugih ljudi, ljudje na moji ulici, ljudje v trgovini.

R: Kaj je to, o čemer govoriš? Da obstajajo druge resničnosti? Da imajo drugi ljudje drugačne resničnosti? Ja, nekaj jih je …

Š: Z drugega pogleda in to …

R: Je tukaj kdo, ki se ne identificira s tem, kar je pravkar rekla? Vsi imajo enak pogled kot ti.

Š: Mislite, da so vsi zmedeni?

R: Ja. Vsi mislijo, da v fizično resničnost ne moreš prinesti duhovne resničnosti, in vsak človek na cesti ima točno enak pogled. Samo tisti, ki ne kupujejo tega pogleda, tisti, ki ne domnevajo, da je absolutno nemogoče, so zmožni ustvariti svojo resničnost, pa tudi oni so zmožni ustvarjati le na majhno.

Če svoje življenje osredotočaš na denar in je tvoj edini cilj v življenju postati Donald Trump, Bill Gates, ni pomembno, enaka podoba. Enaka oseba, drugo telo, enaka oseba. Njihovo življenje je v zvezi s služenjem denarja. Vse, kar naredijo, je v zvezi z denarjem. Zakaj morajo zaslužiti toliko denarja? Zato, ker so prav tako kot vi prepričani, da jim ga bo prihodnji teden zmanjkalo.

Š: Ali ni to zanje samo igra?

R: Ne, ni samo igra, delujejo s pogledom, da ni dovolj, da ne bodo imeli nikoli dovolj, ne glede na to, kaj naredijo. Je samo drug standard, to je vse.

Š: Ali pravite, da ti ljudje s svojim bogastvom ne čutijo neke svobode?

R: Ali misliš, da je Donald Trump svoboden?

Š: Mislim, da do neke mere.

R: Resnično? Lahko se vozi v limuzini. Ali mu to daje svobodo, ali pomeni, da mora imeti telesne stražarje, ki ga varujejo pred vsemi okoli njega, vsemi, ki mu želijo vzeti denar? Ali mu to, da ima 27 ljudi, ki mu vsak dan želijo vzeti denar, daje svobodo?

Š: Daje iluzijo svobode.

R: Ne. Daje iluzijo, da je to svoboda. Ti samo misliš, da je to svoboda, zato, ker nimaš tega. Nič svobodnejši ni od tebe, ima le več denarja, ki ga lahko zapravi za stvari, ki jih ne potrebuje. Ali misliš, da ima zato, ker ima več denarja, večjega duha?

Š: Ne, zagotovo ne.

R: Ali ima zato manj duha?

Š: Ne.

R: Oh, zanimiv pogled imate. (smeh) Vsi ste mislili, le niste si upali izreči: „No, to ga dela slabšega, ker ima več denarja."

Š: Ja, prav imate.

R: Ja, to ste razmišljali, tega niste rekli, vendar ste o tem razmišljali.

Š: No, zaradi tega nekateri ljudje kontrolirajo vse okoli sebe.

R: Res? Ja, res nadzorujejo, nadzorujejo sonce, luno, zvezde, popoln nadzor imajo nad tem.

Š: Vendar nadzorujoči ljudje niso …

R: Oh, nadzorujoči ljudje, to je torej vaš standard veličastnosti.

Š: To ni moj standard, ne, ne, ne. To ni moj standard. Govorimo o Gatesu in njegovih pridobitvah in o Trumpu in njegovih pridobitvah, da opredeljujemo njegov nadzor.

R: Ali je on v resnici nadzor?

Š: Ne. Jaz …

R: Ali ga nadzoruje njegova potreba po denarju? Njegovo življenje je popolnoma uokvirjeno z nujo po ustvarjanju več in več in več in več denarja. Ker je to edini način, da se počuti zadostnega.

Š: Toda mislim tudi, da energija, ki jo oddaja …

R: Prav, še eno besedo imaš, ki jo boš v svojem besednjaku izbrisal.

Š: Katero?

R: Toda.

Š: Toda?

R: Toda. Vsakič, ko ti nekdo nekaj pove, daš ven „toda". (smeh)

Š: To je res za …

R: To je res za marsikoga med vami, za večino. Ko prejmete košček informacije in ker se z vami ne ujema in vam ne pritrjuje, takoj začnete ustvarjati nasprotni pogled. Ker se z vami ne ujema in vam ne pritrjuje, ker se upirate, da bi mu dovolili, da je, ali pa reagirate nanj. V končni fazi je le zanimiv pogled, da tega moža žene denar.

Š: To sem želela reči, vendar sem …

R: Ne, drug pogled imaš kot zanimiv pogled, to je vse.

Š: Ja, učim se.

R: To je brez vrednosti. Vsakič, ko imaš preudarke o denarju, zase ustvariš omejitev. Zase! In vsakič, ko nekomu poveš, kakšen je tvoj pogled, ustvariš omejitev zanje. Če želiš ustvariti svobodo, potem bodi svoboda. Svoboda je biti sploh brez preudarkov.

Kako bi bil videti svet, če bi manifestirala vso svetlobo z lahkotnostjo, radostjo in veličastnostjo, sploh brez preudarkov o omejitvah? Če imaš neomejene misli in neomejene sposobnosti in neomejeno dopuščanje, ali bi obstajali grafiti, bi obstajali brezdomci, ali bi bile vojne, ali bi bilo opustošenje, ali bi bili viharji?

Š: Torej, v čem je razlika? Bi vreme sploh obstajalo?

R: Če ne bi imeli preudarkov o viharjih, bi vreme obstajalo in ne bi bilo potrebno, da bi bile snežene nevihte. V času, ko prihaja sneg, poslušajte svojo televizijo, ja, manifestirajo, govorijo o tem, kako velika nevihta bo. Nevihta 96', druga nevihta 96' bo velik in veličasten vihar, prišlo bo opustošenje, bolje, da greste takoj v trgovino in nakupite zaloge. Koliko vas kupi ta pogled in začnete iz njega ustvarjati svoje življenje?

Š: Ne kupovanje, jaz bi preživela popoldan v parku.

R: Kupila si pogled, o tem govorimo. V trenutku se odločite, kaj je res. Ne poslušajte televizije, znebite se je. Ali glejte tiste programe, ki so popolnoma brez možganov. (smeh) Glejte „Scooby Doo". (smeh) Glejte risanke, še več zanimivega pogleda v zvezi z njimi. Poslušate novice. Postali boste zelo depresivni in imeli boste veliko idej o tem, kaj je denar.

Prav, kje smo zdaj? Okej, naj gremo nazaj sem. Zmeda, ali razumeš zdaj to o zmedi?

Š: Ne.

R: Prav. Kaj želiš tukaj razumeti? Ti ustvarjaš vso zmedo.

Š: Kdo sem? Ali sem telo? Ali si tukaj? Ali je tukaj nekdo drug? Ali obstaja resničnost? Ali je kakšna razlika? Kaj, za vraga, je obstoj? Ste vi ali je vse čista energija in ne obstaja ločenost med duhom in dušo in zavestjo, ali je to to, je, je? O ničemer ni treba reči ničesar, torej vse trpljenje, vsa žalost, vsa iluzija in vsa zmeda, no, kaj je to? Kaj?

R: Stvaritev.

Š: Prav.

R: Ustvarili ste …

Š: Torej na tem nivoju kot ljudje ustvarjamo nekaj, kar je stvaritev, in ta lastni ego, ki je stvaritev, misli, da je tu nekaj, kar imenujemo denar, in lokacija, kar je stvaritev, kar pomeni, da če bi bili na Wall Streetu ali da leta 1996 delamo zgodovino Združenih držav v New Yorku, potem se strinjamo, da ti in vsi ti preostali ljudje soobstajajo skupaj. Tega ne razumem.

R: Zakaj ne razumeš?

Š: Vsi so ti in ti si vsi. To je nekaj, tega ne razumem.

R: Ustvarjate se kot ločene, ustvarjate se kot drugačne, ustvarjate se kot izčrpane in ustvarjate se kot jezo.

Š: Tako sem frustrirana.

R: Ja, vendar je spodaj resnično jeza.

Š: O ja.

R: Ker se počutiš brez moči – to je osnovna domneva, iz katere deluješ, in to je vedno osnovna domneva zmedenosti. Vsaka zmedenost temelji na ideji, da nimate moči in da nimate zmožnosti.

Š: Vendar se ne.

R: Ja se.

Š: Čutim, da se ne.

R: Poglej svoje življenje, poglej svoje življenje, kar si ustvarila. Ali si začela z veličastno količino denarja? Ali si začela s palačo in vse izgubila? Ali si ustvarjala in ustvarjala in potem postala zmedena v zvezi s tem in začela dvomiti in se začela počutiti brez moči, da bi naredila ali vedela, kako to nadzorovati in si ustvarila dvom vase?

Ja, tvoje življenje je šlo tja, vendar nič od tega ni resnica tebe. Ti, kot bitje, imaš popolno moč, da ustvariš svoje življenje, in ga lahko in ga boš in se bo sestavilo na veličastnejše načine, kot si lahko kadarkoli predstavljaš. Vera vase, vera v védenje, da si ustvarila resničnost, ki obstaja sedaj in zavedanje, da si jo pripravljena spremeniti. Da ne želiš več, da si to. To je vse, kar je potrebno. Pripravljenost dopustiti, da je drugačna.

Š: Torej, če se življenje spremeni, ali to pomeni, da je to zmedena zavest, ki ustvarja več Bosancev in brezdomcev? Kam gre ta zavest, kam gredo temne entitete, ki sem jih morda ustvarila ali kateri drug del mene, ki je bil tako ločen od pogledov, ki so na televiziji, kjer vidim brezdomca, kam gre to, če rečem: „No, to ni moja resničnost, ne verjamem vanjo, tega ne izbiram več."

R: Ni pomembno, vidiš to delaš z uporom.

Š: Prav.

R: Prav? Da bi se pojavila sprememba, moraš delovati iz dopuščanja, ne iz upiranja, reakcije, pridruževanja in strinjanja. Dopuščanje je …

Š: Pripravljena sem dopustiti, želim samo razumeti, kam …

R: Deluješ z upiranjem, ker želiš razumeti nekaj, kar resnično ne obstaja. Ti drugi ljudje s svojo lastno svobodno voljo in izbiro prav tako ustvarjajo iz nečesa, kar ne obstaja, nadaljevanje sprejemanja, pridruževanja in strinjanja, reagiranja in upiranja. To so elementi, iz katerih v vašem svetu delujete. Ti, če želiš to spremeniti, moraš delovati iz dopuščanja. Vsakič, ko si v dopuščanju, spremeniš vse okoli sebe. Vsakič, ko nekdo pride k tebi z močnim pogledom in rečeš: „Ah, zanimiv pogled," in si v dopuščanju tega, si spremenila zavest sveta, ker ga nisi kupila, ker ga nisi naredila trdnejšega, se z njim nisi strinjala, se mu nisi upirala, nanj nisi reagirala, nisi ga naredila resničnega. Resničnosti si dopustila, da se je obrnila in spremenila. Samo dopuščanje ustvarja spremembo. V dopuščanju sebe moraš biti prav toliko, kot si v dopuščanju drugih, drugače si kupila trgovino in zanjo plačuješ s svojimi kreditnimi karticami.

Š: Torej postane to popolna pomiritev za svet?

R: Absolutno ne. Naj naredimo to. Pomislite vsi za trenutek na to. Ti Š pa boš poskusni zajček, okej? Prav. Do konca življenja imaš deset sekund, kaj boš izbrala? Tvojega življenja je konec, izbrala nisi ničesar. Do konca življenja imaš deset sekund, kaj boš izbrala?

Š: Izbiram, da ne izbiram.

R: Izbiraš, da ne izbiraš, vidiš pa, da lahko izbereš karkoli. Ko začneš spoznavati, da imaš samo deset sekund, iz katerih lahko ustvarjaš, je deset sekund vse, kar je potrebno, da ustvariš resničnost. Deset sekund manj kot v zaupanju, vendar prav zdaj je to delček, iz katerega moraš delovati. Če deluješ iz deset sekund, bi izbrala radost ali žalost?

Š: Morala bi vzeti žalost.

R: Točno tako. Vidiš, svojo resničnost si ustvarila tako, da si izbrala žalost. Kadar izbiraš iz svoje preteklosti in kadar izbiraš iz pričakovanja prihodnosti, sploh nisi naredila nobene izbire, nisi živela in ne živiš svojega življenja, obstajaš kot mogočna monolitska omejitev. Zanimiv pogled, ha?

Š: Ja.

R: V redu, kaj je tvoj naslednji odgovor? Številka dve na tvojem seznamu tega, kar … Kaj je bilo vprašanje, pozabili smo.

Š: Kako je denar čutiti?

R: Kako je denar čutiti, ja, hvala.

Š: Zame je skupek vsega, se mi zdi, da je na tem nivoju boj v zaporu …

R: Ah, ja. Zelo zanimiv pogled, ha? Denar je čutiti kot boj v zaporu. No, to zagotovo opiše vsakogar v tej sobi. Je tukaj kdo, ki tega ne vidi kot resničnosti tega, kar ste ustvarili?

Š: Boja v zaporu?

R: Ja.

Š: Jaz ga ne.

R: Ne vidiš tega?

Š: Malo. Pravzaprav ne razumem, kaj to pomeni.

R: Ali se ne boriš neprestano, da bi dobil denar?

Š: Oh, ja.

R: In ali se ne počutiš, da je to, da nimaš dovolj, kot zapor?

Š: Predam se. (smeh)

R: V redu.

Š: Vsi moramo biti v podobni resničnosti.

R: Vsi živite enako resničnost. Torej, ali moramo sploh kaj omeniti v zvezi s tem?

Š: Ja. Kaj pa Š s svojim sistemom barantanja?

R: No, ali ni to samo zase majhen zapor?

Š: Ja, je.

R: Ja, je. Vidite, vsak ima svoj pogled. Opazujete Š in vidite njegovo resničnost kot svobodo, on pa gleda na Donalda Trumpa kot na svobodo. (smeh)

Š: Okej, pravite, da moramo o tem govoriti. No, kako se to ujema z omenjenim?

R: Dopuščanje. Zanimiv pogled, ne? Da se v zvezi z denarjem počutim ujetega, da je zame čutiti kot zapor. Ali je to zate čutiti kot žamet? Je to čutiti kot ekspanzija? Ne. Čutiti je kot zmanjševanje. Je to resničnost ali nekaj, kar si izbrala in kako si izbrala, da ustvarjaš svoje življenje? Izbrala si, da tako ustvarjaš svoje življenje. Nič bolj ni resnično kot stene. Vendar si se odločila, da so trdne in da zadržujejo mraz. In tako delujejo. Tako narediš tudi omejitve z denarjem, z enako vrsto trdnosti. Začni delovati z dopuščanjem. To je tvoja vstopnica, da greš iz pasti, ki si jo ustvarila. V redu? Naslednje vprašanje.

PETO POGLAVJE

Kako vam je denar videti?

Rasputin: V redu, naslednje vprašanje. Kako vam je denar videti?

Š: Zelen in zlat in srebrn.

R: Torej ima barvo, ustreznost, trdnost. Je to njegova resnica?

Š: Ne.

R: Ne, denar je samo energija, to je vse, kar je. Obliko, ki jo zavzame v fizičnem vesolju, ste naredili pomembno in trdno, okoli tega ustvarjate trdnost v svojem lastnem svetu, kar ustvarja nezmožnost, da ga imate.

Če je zlato ali srebro vse, kar vidite, potem je bolje, da imate okoli vratu veliko verig. Če je zelen, ali imaš denar, če nosiš zelena oblačila?

Š: Ne.

R: Ne. Torej moraš videti denar ne kot obliko, temveč kot zavedanje energije. To je lahkotnost, iz katere lahko ustvariš njegovo popolnost v obilju.

Š: Kako vidiš energijo?

R: Prav tako, kot si jo čutil, ko si jo potegnil v vsako poro svojega telesa. Tako vidiš energijo. Energijo vidiš z občutkom zavedanja. V redu?

Š: Ja.

R: Naslednje vprašanje.

ŠESTO POGLAVJE

Kako vi okusite denar?

Rasputin: Sedaj naslednje vprašanje. Kaj je naslednje vprašanje?

Študent: Kako je okusiti?

R: Dobro. Kdo želi odgovoriti na to? To bi moralo biti zabavno.

Š: Denar je okusiti kot temna čokolada.

R: Hm, zanimiv pogled, ha? (smeh)

Š: Papir, črnilo in umazanija.

R: Papir, črnilo in umazanija. Zanimiv pogled.

Š: Umazana preveza za oči.

Š: Moje brbončice ob strani ust so začele proizvajati slino.

R: Ja.

Š: Sladko in vodeno.

Š: Spolzka umazanija in hlevske frnikole in breskova drevesa.

R: Dobro. V redu. Torej vam je, ljudje, okusiti zelo zanimivo? Opazite, da je denar okusiti zanimivejše, kot je čutiti? Ima več različic. Kaj mislite, da je to? Ker ste ga ustvarili kot telesno funkcijo. Za Š je denar v zvezi s prehranjevanjem, kot da ješ temno čokolado, ja. Ja, vidite, vsi imajo pogled o tem, kako je denar kot nekaj okusiti. Je spolzek, zanimiv, ali gre z lahkoto po vašem jeziku? Ali gre dol z lahkoto?

Š: Ne.

R: Zanimiv pogled. Zakaj ne gre dol z lahkoto?

Š: Ker se zatika.

R: Zanimiv pogled: težek, razdrobljen, hrustljav. O denarju imate res zanimive poglede.

Š: Vendar je vse enak pogled.

R: Vse je enak pogled, da je v zvezi s telesom.

Š: Čeprav je videti drugače, je njen ...

R: Čeprav je videti drugače.

Š: ... rekla je čokolada in rekel sem grenka, vendar to ni enako.

R: To je enako, je v zvezi s telesom; ima zvezo s tvojim telesom.

Š: Okušanje ima zvezo.

R: Res?

Š: Ja.

R: Ali ne moreš imeti okusa zunaj telesa?

Š: Ne okusa angleškega sendviča.

R: Vendar denar, njegovo bistvo, ali je denar funkcija, ki jo vidite kot telesno funkcijo? Vidite jo kot resničnost tretje dimenzije, ne kot resničnost stvarjenja. Vidite ga kot nekaj, kot trdnega in resničnega in znatnega, kot nekaj, kar ima okus, obliko in strukturo. In zaradi tega ima tudi določeno vrsto odnosa, ki gre z njim. Vendar, če je energija, je lahkotnost in lahkost. Če je telo, je težko in pomembno in težko in pomembno je tisto, od koder ste ga ustvarili, ali ne?

Š: Ja.

R: Ali ne izhajajo od tam vsi vaši pogledi?

Š: Torej, ko ste vprašali po okusu, smo ponovno šli v domneve.

R: Domneve. Takoj ste domnevali, da je telo, da tam živi, tako delujete. Saj veste, je spolzek, umazan, je vse vrste stvari, je poln bacilov. Kakšen zanimiv pogled o denarju.

Š: Včasih je topel in mrzel.

R: Topel in mrzel? Ali je res to?

Š: Tu je še eden, ima ta element zaupanja zadaj, da to držiš, podobno kot zlati standard ...

R: To je pogled, razmišljanje, ki ste ga kupili. Je to resničnost? Ne več! (smeh) Ali je kaj za denarjem? Vzemite dolarski bankovec. Ali vidite kaj za njim?

Š: Zrak.

R: Nič, zrak! Veliko zraka, to je vse, kar je za njim. (smeh)

Š: Veliko vročega zraka.

R: Veliko vročega zraka. Točno tako. (smeh) In ko poslušate ljudi govoriti o denarju, ali ga ustvarjajo kot vroč zrak ali o njem govorijo kot o vročem zraku? Ja, vendar kako ga ustvarjajo? Zelo je pomemben, težek in masiven, ali ne? Na vas leži kot tona opek. Je to resničnost? Ali ga želite zase ustvarjati tako? Dobro. Torej, začnite ga gledati, začutite ga. Začutite vsakič, ko zaslišite razmišljanje o denarju. To je vaša domača naloga poleg vseh preostalih v zvezi s tem. Vsakič, ko začutite energijo kakšnega razmišljanja, ideje, prepričanja, odločitve ali odnosa v zvezi z denarjem, začutite, kje vas zadene v telesu. Začutite njegovo težo in ga vrnite v svetlobo. Vrnite ga v svetlobo, to je samo zanimiv pogled.

To je samo zanimiv pogled, to je vse, ni resničnost. Prav kmalu boste začeli videti, kako se je ustvarjalo vaše življenje, denarni tokovi v njem, z vašo lastno voljo, prispevkom v kupovanju pogledov vseh drugih. Kje ste v tej sestavi vi? Odšli ste, pomanjšali ste se, dovolili ste, da ste izginili, postali ste lakaj, suženj tega, čemur rečemo denar. Nič pomembnejši ni od tega, kot da zajamemo sapo. In ni pomembnejše kot to, da vidimo rože. Rože vam prinesejo radost. Ja? Ko gledate rože, vam to prinese radost. Kaj dobite, ko gledate denar? Depresijo: tu ni toliko, kot sem želel. Za denar, ki ga imate, nikoli niste hvaležni, ali ste?

Š: Ne.

R: Prejmete sto dolarjev in rečete: „Oh, s tem bom plačal račun, želim, da bi imel več.“ (smeh) Namesto da bi rekli: „Vau, ali sem manifestiral nekaj dobrega ali ne?“ Tega, kar ustvarjate, ne praznujete, ampak greste v: „Opa, ponovno nisem ustvaril dovolj.“ Kaj to pove? Kako se to manifestira v vašem življenju? Če pogledate bankovec, če na tleh najdete dolarski bankovec, ga poberete, daste v svoj žep in mislite: „Oh, danes imam srečo,“ ali mislite „Fant, odlično sem opravil tole delo z manifestiranjem, odlično sem opravil kreacijo denarnih tokov zase“? Ne, ker ni bilo deset tisoč dolarjev, kar mislite, da potrebujete. Ta beseda „potreba“ ponovno.

Š: Kako je denar okusiti?

R: Kako je okusiti?

Š: Umazano.

R: Umazano? Ni čudno, da nimaš nič denarja. (smeh)

Š: Sladko.

R: Sladko. Ti imaš več denarja.

Š: Dobro.

R: Dobro, okusiti je dobro, tudi ti dobiš malo denarja v svojo nogavico.

Š: Kot voda.

R: Kot voda, gre precej hitro, kot voda, ha? (smeh) Prav čez mehur. Še kakšni pogledi? Nič drugega, nima nihče kakšnih drugih pogledov v zvezi z denarjem?

Š: Ogaben.

R: Ogaben. Kdaj si nazadnje okusil denar?

Š: Kot otrok.

R: Prav. Ker so ti kot majhnemu otroku povedali, da je umazan, ne ga dajati v usta. Ker si kupil pogled, da je denar ogaben. Kupil si pogled, da ni dober, da ni energija, ampak da je nekaj, čemur se moraš izogibati. Ker je bil umazan, ker ni poskrbel zate kot dobrina. To si kupil že zelo mlad in ta pogled si ohranil za zmeraj. Lahko sedaj izbereš drugače?

Š: Ja.

R: Dobro. Dopusti si imeti resničnost, ki je le zanimiv pogled. Kakorkoli je denar okusiti. Ni trden, je energija in ti si prav tako energija. Prav? Ali si ustvaril svoj svet okoli pogledov o denarju, ki jih imaš? Je umazan, ogaben ali ga imaš zato, ker ne želiš biti umazana oseba, omejene količine? Včasih je zabavneje biti umazan, to je bilo v mojem življenju. (smeh)

SEDMO POGLAVJE

Ko vidite, da denar prihaja k vam, iz katere smeri ga čutite prihajati?

Rasputin: V redu. Torej sedaj naslednje vprašanje. Kaj je naslednje vprašanje?

Študent: Iz katere smeri vidiš prihajati denar?

Rasputin: Dobro. Iz katere smeri vidite prihajati denar?

Š: Od spredaj.

R: Spredaj. Vedno je v prihodnosti, ha? Imel ga boš enkrat v prihodnosti, izjemno boš bogat. Vsi vemo to.

Š: Včasih pa ga vidim prihajati od nikoder.

R: Od nikoder je bolje, vendar od nikoder, kje je nikoder? Od kjerkoli je boljše mesto, od koder lahko prihaja.

Š: Kaj pa od vsepovsod razen od zgoraj?

R: No, zakaj ga omejuješ?

Š: Vem, nikoli nisem pomislil na to.

R: Nikoli pomislil, da bi bilo okej, če bi dež prišel kot …

Š: Ne, dež sem videl, vendar mislim, da iz tal ni prihajal. Tvoje lastno drevo denarja.

R: Ja, naj denar zate raste vsepovsod. Denar lahko pride od kjerkoli, denar je vedno tu. Sedaj začuti energijo v tej sobi. Začenjate ustvarjati denar. Ali čutite razliko v svojih energijah?

Razred: Ja.

R: Od kod ga vidite prihajati?

Š: Od mojega moža.

Razred: (smeh)

R: Mojega moža, preostali, kaj še?

Š: Kariere.

R: Kariere, težkega dela. O kakšnih pogledih tukaj govorite? Če pričakujete, da bo prišel od druge osebe, kje je ta oseba locirana? Pred vami, poleg vas, pred vami?

Š: Za menoj.

R: Če je tvoj bivši mož.

Š: Je.

R: Ja, torej gledaš v preteklost, da bi od njega dobila svoje življenje. Ali je to mesto, od koder ustvarjaš?

Š: Ne, vendar mislim …

R: Ja, v redu. Lažeš. Torej, najprej, vzemite vsa mesta, ki so v tej sobi, in vlecite energijo iz te sobe vase s sprednje strani skozi vsako poro svojega telesa, vlecite jo skozi vsako poro svojega telesa. Dobro. In sedaj jo povlecite noter z zadnje strani skozi vsako poro svojega telesa. Dobro. In sedaj jo potegnite noter s strani skozi vsako poro svojega telesa. In sedaj jo potegnite noter s tal, skozi vsako poro svojega telesa. In sedaj jo potegnite noter z vrha skozi vsako poro svojega telesa. In sedaj energija prihaja noter od vsepovsod; denar je le druga oblika energije in spremenite jo sedaj v denar, ki v vas skozi vsako poro prihaja iz vseh smeri.

Ali opazite, kako je večina med vami naredila energijo trdnejšo? Naredite jo lahko, naredite jo ponovno za energijo, ki jo prejemate. In sedaj jo naredite za denar. Dobro, to je bolje, tako postanete denar. Naj teče skozi vsako poro vašega telesa. Ne vidite ga prihajati od drugih ljudi, ne vidite ga prihajati iz drugih prostorov, ne vidite ga prihajati z delom; dopustite, da priteka noter. In sedaj zaustavite tok do vsakega dela svojega telesa. Sedaj želimo, da energijo pošljete ven od spredaj. Naj teče ven, teče ven, teče ven. Ali se vaša energija zmanjšuje? Ne, se ne. Začutite, kako, medtem ko energijo pošiljate ven spredaj, v vas prihaja energija od zadaj.

Energiji ni konca, nenehno teče, kot denar. Sedaj povlecite energijo v vsako poro svojega telesa od vsepovsod. Dobro, takole. In sedaj opazujte, da ko jo vlečete noter od vsepovsod, gre od vsepovsod tudi ven. Energija ne stagnira. Sedaj jo spremenite v denar in videli boste, kako denar leti okoli vas, vsepovsod okoli vas. Ja, gre noter in ven in okoli in skozi. Še naprej se premika kot energija – kot vi. Je vi, vi ste denar. Takole.

Dobro, sedaj prenehajte pretakati. Sedaj s sprednje strani pošljite denar, stotine dolarjev, vsem v sobi. Naj teče ven, ogromne količine denarja, vidite jih, kako prejemajo ogromne količine denarja, pošljite ga ven, pošljite ga ven, pošljite ga ven. Opazite, da še vedno vlečete energijo z zadnje strani, in če dopustite, bo k vam prišlo ravno toliko energije, kot ste jo poslali ven spredaj, in še vedno jo pretakate kot denar. Vam da to kakšno idejo? Ko menite, da nimate dovolj denarja, da bi plačali račun, in je težko poslati denar ven, je to zato, ker ste se zadaj zaprli in ga niste pripravljeni prejeti. Denar teče ven, tako kot teče noter, in ko ga zaustavite s pogledom, da jutri ne bo dovolj, ste sami zase ustvarili nezmožnost. In nimate drugih nezmožnosti kot tiste, ki ste jih ustvarili sami. Dobro, ste vsi to dojeli? Naslednje vprašanje.

OSMO POGLAVJE

Ali v odnosu do denarja čutite, da imate več, kot potrebujete, ali manj, kot potrebujete?

Rasputin: V redu. Naslednje vprašanje.

Študent: Kako se počutite v zvezi z denarjem: „Imam več, kot potrebujem, ali manj, kot potrebujem?"

R: Ja, ali se počutite v zvezi z denarjem, kot da imate več, kot potrebujete, ali manj, kot potrebujete?

Š: Manj.

Š: Jaz bi rekel manj.

Š: Vsi so rekli manj.

R: Ja, to je jasno, ha? Tukaj ni nikogar, ki bi mislil, da ima dovolj. In ker ga vedno vidite kot <u>potrebo</u>, kaj boste vedno ustvarili? Potrebo, ne dovolj.

Š: Kaj pa, ko moramo jutri plačati račune?

R: Ja, vidite, vedno gledate to, kako boste jutri plačali račun, točno tako, najlepša hvala. Vedno gre za to, kako boste jutri plačali stvar. Ali imate danes dovolj? Ja!

Š: Sem okej?

R: „Sem okej", kdo to pravi? Zanimiv pogled imate „Sem okej". Sem veliki, veličastni kreator in zdaj lahko ustvariš več.

Moj denar je čudovit, ljubim toliko denarja, lahko ga imam, kolikor želim. Dopusti, da pride noter. Bodi hvaležen za dejstvo, da ga danes imaš. Ne skrbi za jutri, jutri je nov dan, manifestiral boš nove stvari. K tebi prihajajo priložnosti, ne?

Sedaj mantra: „Vse življenje prihaja k meni lahkotno, radostno in veličastno." (Razred nekajkrat ponovi mantro.) Dobro, sedaj začutite to energijo, ali ni enaka kot „Jaz sem moč, jaz sem zavedanje, jaz sem kontrola, jaz sem kreativnost, jaz sem denar"?

Š: In ljubezen?

R: In ljubezen. Vendar ste vedno ljubezen, vedno ste bili ljubezen in vedno boste ljubezen, to je dano.

Š: Zakaj je tako?

R: Zakaj je dano? Kako meniš, da si sploh ustvaril sebe? Iz ljubezni. Sem si prišel z ljubeznijo. Edina oseba, ki ji ne daješ ljubezni z lahkoto, si ti. Bodi tako ljubeč do sebe in boš denar in radost in lahkotnost.

DEVETO POGLAVJE

V zvezi z denarjem – ko zaprete oči, kakšne barve je in koliko dimenzij ima?

Rasputin: V zvezi z denarjem, ko zaprete oči, kakšne barve je? Koliko dimenzij ima? Kdorkoli …

Študent: Tri dimenzije.

R: Moder in tri dimenzije, hej.

Š: Multidimenzionalen?

Š: Zelen in dve.

Š: Zelen in tri.

R: Zanimivo, da ima za večino med vami samo dve dimenziji. Nekaj med vami ga je videlo kot multidimenzionalnega. Nekateri imate tri.

Š: Jaz imam široko odprt prostor.

R: Široko odprt prostor je nekoliko boljši. Denar bi moral biti v širokem odprtem prostoru, začutite energijo tega. Potem lahko denar pride od vsepovsod, ali ne? In je vsepovsod. Ko vidite denar kot široko odprt prostor, tam ni pomanjkanja. Tam ne obstaja njegovo zmanjševanje, nima oblike, nima strukture in nima pomembnosti.

Š: In nima barve?

R: In nima barve. Zato, prav, gledate ameriške dolarje, kaj pa zlato? Ali je zeleno in ima tri strani? Ne. Kaj pa srebro? No, to je včasih mavrično, pa vendar niti to ni dovolj. In ali je tekoč? Ali imaš tekoče barve?

Š: Ne.

R: Kaj pa moški v trgovini? No, na kakšen način želiš govoriti z njim? Ali greš po nakupih v trgovino? Kakšna domneva …

Š: Drago je.

R: Ja, je, široko odprti prostori, toda vi; govorimo o tem, da si dopustite, da v vas pride toliko denarja, kot si niste mogli niti zamisliti. Nikoli ne razmišljajte o denarju. Ko greste v trgovino, ali gledate cene vsakega posameznega izdelka in vse seštejete, da vidite, če boste imeli dovolj denarja?

Š: Včasih me je strah odpreti izpiske svoje kreditne kartice.

R: Točno. Ne odpiraj izpiska kreditne kartice, če ne želiš izvedeti, koliko si dolžna. (smeh) Zato ker veš, da nimaš dovolj denarja, da bi jim plačala. Avtomatično si to predvidela.

Š: Le pogledati ga nočem.

R: Nočem?

Š: Ga pogledati.

R: Zapiši to, zapiši to, zapiši to.

Š: Hočem, hočem, hočem.

R: Hočem, hočem. Zapiši jo in raztrgaj. Nič več *hočem*, nič več *potrebujem*, ni dovoljeno. Okej?

DESETO POGLAVJE

Kaj je v zvezi z denarjem lažje – pritok ali odtok?

Rasputin: Dobro. Sedaj naslednje vprašanje.

Študent: Kaj je v zvezi z denarjem lažje – pritok ali odtok?

R: Je tukaj ena oseba, ki je rekla, da je pritok lažji?

Š: Če je, laže. (smeh) Jaz vem, da nisem.

R: V redu, glede na to, da ne pogledaš svojih dolgov na kreditni kartici, definitivno ni bila tvoja resnica.

Š: Nisem prepričana, katera.

R: Nisem prepričana, zanimiv pogled, hej? V redu. Za vse vas – ideja o tem, da denar odteka, je eden izmed najpomembnejših pogledov, ki se jih držite. Tako preprosto je porabiti denar in tako težko je delati, tako težko moram delati, da zaslužim svoj denar. Zanimiv pogled, hej? Torej kdo ustvarja te poglede? Vi!!

Torej začutite denar, začutite energijo, ki prihaja v vaše telo. V redu, prihaja od vsepovsod, začutite, kako prihaja. V redu, sedaj pošljite s sprednje strani, pošljite energijo ven, začutite, kako prihaja noter od zadaj, in dopustite, da bosta tokova izenačena. Sedaj začutite, kako gre spredaj ven na stotine dolarjev in kako stotine dolarjev prihajajo v vas od zadaj. Dobro. Začutite, kako gredo spredaj iz vas tisoči dolarjev in kako tisoči dolarjev prihajajo v vas od zadaj. Ali opazite, kako je večina med vami postala nekoliko trdna pri tem. Popustite, je samo denar, ni pomemben in na tej točki vam ga sploh ni treba dati iz žepa. Sedaj pošljite iz sebe na sprednji strani milijone dolarjev in naj milijoni pritekajo v vas zadaj. Ali opazite, da je lažje pretakati milijone kot tisoče dolarjev? Ker ste ustvarili pomembnost v zvezi s tem, koliko denarja lahko imate, in ko pridete do milijonov, tukaj ni več pomembnosti.

Š: Zakaj?

R: Zato ker ne mislite, da boste imeli milijon, zato je nepomembno. (smeh)

Š: No, jaz sem imel več problemov s tem, da sem spustil denar noter od zadaj, morda mislim, da ga bom imel.

R: Morda, vendar ste zagotovo bolj pripravljeni pretakati svoj denar ven kot noter. To je še en zanimiv pogled, ne? Sedaj, ali se energija, ki teče ven, izenači z energijo, ki teče noter? Ja, na neki način. Vendar za energijo ni omejitev, kot jih ni za denar, razen tistih, ki jih ustvarjate vi. Vi ste glavni v svojem življenju, vi ga ustvarjate in ustvarjate ga s svojimi izbirami in svojimi nezavednimi mislimi, svojimi predvidevanji, ki vam nasprotujejo. To delate iz prostora, kjer razmišljate, da nimate moči, da niste moč in da ne morete biti energija, ki ste.

ENAJSTO POGLAVJE

Katere so tri vaše najhujše težave z denarjem?

Rasputin: Kaj je zdaj naslednje vprašanje?

Študent: Kaj so tri vaše najhujše težave z denarjem.

R: O, to je dobro. Kdo se želi javiti za to?

Š: Jaz se bom.

R: Prav, tukaj, ja.

Š: Zelo me je strah, da ne bi imel denarja.

R: Ah, ja, govorili smo o strahu, okej? Moramo povedati o tem še več? Ali vam je to vsem precej jasno? Okej, naslednji.

Š: Želim kupiti veliko stvari.

R: Ah, zanimiv pogled, kupovanje veliko stvari. Kaj dobiš s kupovanjem veliko stvari? (smeh) Veliko dela, veliko skrbi, svoje življenje napolnite z veliko stvarmi. Kako lahkotne se počutite?

Š: Obremenjeno in potem jih začnem dajati stran, sosedom, za rojstne dneve, ...

R: Ja. Torej, kaj je vrednost kupovanja veliko stvari?

Š: To mi je v krvi.

R: Kako torej, da je to eden izmed tvojih pomislekov?

Š: Ker me moti.

R: Te moti, da kupuješ?

Š: Ja.

R: Dobro. Torej kako preideš željo po nakupovanju? S tem da si moč, da si zavedanje, da si kontrola in da si kreativnost. In ko prideš do mesta, kjer misliš, da moraš kupovati, je razlog, da kupuješ, domneva, da nimaš dovolj energije. Povleci energijo k sebi. Če želiš prekiniti nakupovalno navado, daj denar brezdomcu na cesti ali ga pošlji dobrodelni ustanovi ali ga daj prijatelju. Odločil si se namreč, da k tebi prihaja preveč denarja. In tako s svojega stališča zagotavljaš izenačevanje tokov. Ali vidiš, kaj s tem počneš?

Š: Ja. Ja, v resnici imam preveč pritoka.

R: Ja. Torej je lahko preveč pritoka kot nasprotje odtoku? Ne, to je ustvarjena resničnost. Kot tak tam obstajaš in domnevaš, da če imaš preveč denarja, nisi duhoven, da nisi povezan z božjo silo. V resnici ni pomembno, pomembno je to, kakšne izbire delaš v zvezi s tem, kako ustvarjaš svoje življenje. Če ustvarjaš kot energija, če ustvarjaš kot moč, če ustvarjaš kot zavedanje in če ustvarjaš kot kontrola, boš v svojem življenju imel radost, kar že v osnovi skušaš doseči. Lahkotnost, radost in veličastnost, to je, kar želiš, to iščeš in tja greš. In to boste vsi dosegli, če boste sledili navodilom, ki smo vam jih dali nocoj. Ali smo sedaj obravnavali vsa vprašanja?

Š: Samo to, ista stvar, če imam denar in se počutim, no, nekdo ga nima in mu ga moram dati. Potem ga nimam toliko in potem me skrbi v zvezi s tem.

R: Kaj če bi jim dal energijo?

Š: Da bi jim namesto denarja dal energijo?

R: Ja, enako je.

Š: Torej, ko vidiš nekoga prositi na cesti, mu samo … (smeh)

R: No, moraš samo …

Š: Vprašajo za dolar in ti samo …

R: Ali niste nocoj tukaj vdihnili energije?

Š: Ja.

R: Ali niste pojedli svoje polnitve z energijo? Kaj je namen prehranjevanja? Da dobimo energijo. Kaj je namen denarja? Da imamo energijo. Kaj je namen dihanja? Da imamo energijo. Sploh ni razlike.

Š: Zagotovo se zdi drugače.

R: Samo zato, ker se ti odločiš in jih ustvariš kot različne. Domnevaš, da so različni.

Š: Res.

R: In ko to domnevaš, začenjaš ustvarjati s položaja, ki ustvarja pomanjkanje denarja in pomanjkanje energije.

Š: Vendar se mi ne zdi čisto prav, ker je videti, da je del tega, kar domnevam, da sem človeško bitje, ki …

R: No, to tukaj je slaba domneva.

Š: No, živim v človeški družbi s stvaritvami, kot so kruh, voda, čas, vlada …

R: Torej sebe ustvarjaš kot telo.

Š: Sebe ustvarjam kot Š, leta 1996 v New Yorku, ja.

R: Ustvarjaš se kot telo. Je to tisto, kjer resnično želiš biti? Ali si srečna tam?

Š: No …

R: Ne!

Š: Ko sem bila zunaj telesa, so bila druga mesta, ki so bila videti veliko slabše, zato se je telo zdelo dobra točka, kjer bi se lahko ustavila in pogledala, kako lahko rešim to težavo. Medtem ni bilo preveč dobro …

R: Prav. Vendar resničnosti ustvarjaš s svojim lastnim pogledom, kjerkoli si.

Š: Meni se ne zdi tako, videti je, kot da drugi ustvarjajo z mano ali zame ali nad mano. Mislim, da ne morem v popolnosti reči tega, ne mislim tako, morda, samo ne mislim tako.

R: Ali ne kontroliraš tega, kar pravimo?

Š: Kar pravite. Mislim, da smo nekako povezani ...

R: Ja.

Š: .... in vsi smo, vendar ...in .... paradoks je, da ste vi vi in o tem ne dvomim, ste duhovno bitje.

R: In tako si tudi ti.

Š: In ti si Š (drugi študent) in ti si Š (drugi študent) in tukaj si delimo neko resničnost, smo v New Yorku leta 1996, ali ne? Sem nekako notri z vami, ne mislim, da sem vi.

R: Ja točno, o tem smo govorili, ne mislite. Vsakič, ko mislite ...

Š: Imam problem.

R: Imate problem.

Š: Dojeli ste. (smeh)

R: Vrzite torej stran svoje možgane, to je neuporaben kos smeti.

Š In skočite s strehe.

R: In skočite s strehe in začnite pluti kot bitje, kar ste. Ko zavržete svoje možgane in ustavite miselni proces – vsaka misel ima električno komponento, ki ustvarja vašo resničnost. Vsakič, ko pomislite „Sem telo", točno to postanete. Niste Š, tukaj ste videti kot Š, vendar ste imeli milijone drugih življenj in milijone drugih identitet. In pravkar ste še vse to. Vaša zavest, njen največji del z vašega stališča je zdaj prav tukaj. To tudi ni resničnost. Ko prekinete povezavo z mislijo, da je vaša resničnost v tem trenutku ustvarjena s popolno zavestjo, in začnete videti, kje imate preostale ideje, preostale poglede in poglede preostalih ljudi, prepričanja, odločitve in ideje, se boste začeli povezovati z drugimi dimenzijami, ki vam lahko na tem nivoju dajo čudovitejšo resničnost kot karkoli, kar sedaj skušate ustvariti z miselnim procesom. In to je tisto, kamor resnično želite iti.

Razmišljanje je napoti življenju, ker ni kreativni proces – je past. Naslednje vprašanje.

DVANAJSTO POGLAVJE

Česa imate več, denarja ali dolgov?

Raputin: Naslednje vprašanje.
Študent: Česa imate več, denarja ali dolgov?
Š: Dolgov.
Š: Dolgov.
R: Dolgov, dolgov, dolgov, dolgov. Zanimivo, vsi imate dolgove, zakaj je tako? Zakaj imate dolgove? Začutite besedo *dolg*.
Š: Okej, težka je.
Š: Ja.
R: Čutiti je kot tona opek. Takole, dali vam bomo majhen nasvet, kako olajšati to. Ker na vas sedi s tako težo, da kupujete pogled, da je to ena izmed najpomembnejših stvari v zvezi z vami, ali ne? Ker je težko, ker je pomembno, ker je trdno – dodajate temu, dodajate temu, ker kupujete idejo, da je v redu, če se zadolžujete, kupujete idejo, da morate biti zadolženi, in kupujete idejo, da nikakor ne morete imeti dovolj denarja, ne da bi to počeli. Je to resnično?
Š: Uh, huh.
R: Zanimiv pogled. Je resnično?
Š: Ja, to sem mislila.
R: Dobro, no, ali sedaj še to misliš?
Š: Ne.
R: Dobro. V redu, kako se torej znebite svojih računov in dolgov? Tako da odplačujete pretekle izdatke. Ali lahko naredite pretekle izdatke trdne? Začutite to, ali so čutiti kot dolg?
S: V zvezi s tem ni sodbe.
R: Ni sodbe, točno. Pa vendar se zaradi svojega dolga zelo obsojate, ali ne? In ko se obsojate, kdo je ta, ki vas brca?
S: Jaz.
R: Točno.
S: Zakaj se torej v zvezi s tem, da ste ustvarili dolg, jezite nase? No, saj bi se morali. Ste veliki in veličastni kreator dolga. Ustvarili ste veličasten dolg, ali ne?
Š: Oh, ja.

R: Zelo veličasten dolg, fant, zelo dobra sem v ustvarjanju dolga! V redu, vidite se torej kot veličastnega kreatorja, kar ste kot dolg. Bodite veličastni kreator, kar ste, da boste odplačali svoje pretekle izdatke. Začutite lahkotnost v preteklih izdatkih, tako ustvarjate zasuk v zavesti. Lahkotnost je orodje, ko ste lahkotni, ko ste lahkotni kot denar, ustvarjate preobrat in spremembo v svoji zavesti in v vseh okoli sebe. In ustvarjate dinamično energijo, ki začenja preobračati celotno območje, v katerem živite, in prostor in kako prejemate denar in kako prihaja k vam in kako vse v vašem življenju deluje. Vendar vedite, da ste veliki in veličastni kreator in da je vse, kar ste ustvarili v preteklosti, točno to, kar ste rekli, da je in da bo, to, kar ustvarjate v prihodnosti, točno to, kar ustvarjate, da bo, z izbirami, ki jih delate. Dobro, naslednje vprašanje.

TRINAJSTO POGLAVJE

V zvezi z denarjem – da bi imeli obilje denarja v svojem življenju, katere tri stvari bi bile rešitev za vašo trenutno finančno situacijo?

Rasputin: Dobro, imamo še dve vprašanji. Ja?

Študent: Še eno.

R: Še eno vprašanje. Kaj je zadnje vprašanje?

Š: V zvezi z denarjem – da bi imeli obilje denarja v svojem življenju, katere tri stvari bi bile rešitev za vašo trenutno finančno situacijo?

R: Dobro. Kdo se želi javiti za to?

Š: Jaz.

R: Prav.

Š: Delati tisto, kar ljubim in kar delam najbolje.

R: Delati, kar ljubim in kar delam najbolje?

Š: Ja.

R: Torej, zaradi česa misliš, da ne moreš delati tega, kar ljubiš in kar delaš najbolje? In kaj je tukaj osnovna domneva?

Š: Da mi primanjkuje denarja, da bi prišla do tja.

R: No, kaj najraje delaš najbolje?

Š: Rada imam vrtnarjenje in zdravljenje.

R: Vrtnarjenje in zdravljenje? In si te stvari?

Š: Včasih.

R: Zaradi česa torej misliš, da ne prejemaš tistega, kar želiš?

Š: Mmm …

R: Zaradi tega, ker delaš osem ur na dan nekaj, kar sovražiš?

Š: Točno.

R: Kdo je ustvaril to resničnost?

Š: No, vendar …

R: Ali v tem mestu ne potrebujejo vrtnarjev? Kako to, da nisi postala vrtnarka, če rada vrtnariš?

Š: Ker sem v procesu delanja na tem, da se bo to zgodilo, vendar jaz …

R: Kaj je torej tukaj zadaj osnovna domneva, iz katere deluješ? Čas.

Š: Čas, ja.

R: Ja, čas.

Š: Ni bilo časa za ustvarjanje.

R: Ja, ni bilo časa za ustvarjanje. O čem smo govorili na začetku? Kreativnost, ustvarjanje vizije. Moč, da si „Jaz sem moč" – s tem daješ energijo temu, kar želiš, zavedanje védenja, da boš to imela. Kje nenehno spodkopavaš svoje védenje, da boš imela, kar želiš? To delaš vsak dan, ko greš na delo in rečeš: „Tega še vedno nisem dobila."

Š: Tako je.

R: Kaj ustvarjaš s tem pogledom? Še vedno nimam in jutri tudi ne boš imela, ker imaš še vedno pogled, da nisi dobila. Začela si nadzorovati in se odločila, da mora obstajati določena pot, ki je nujna, da boš prišla tja. Vendar ne veš, če je pot do tja ta, da te odpustijo, ali veš? Vendar si z odločitvijo, da je edini način, da to lahko narediš, da obdržiš službo, ki jo sovražiš, ker ti bo to dalo svobodo, da lahko greš, kamor želiš iti, ustvarila zamejitev in pot, način, da moraš priti tja, ki ne dopušča obilnemu vesolju, da bi ti prispevalo k tvoji poti.

Sedaj vam bomo dali še eno majhno izjavo, ki si jo napišite in postavite na mesto, kjer jo boste dnevno videvali. Takole gre: **Obilnemu vesolju dopuščam, da mi priskrbi množičnost priložnosti, vse oblikovane tako, da zaobjamejo in podprejo mojo rast, mojo zavest in moj radostni izraz življenja.** To je vaš cilj, to je tisto, k čemur greste.

R: V redu, Š, kaj je tvoj naslednji odgovor na to vprašanje?

Š: Da se znebim dolga, da lahko dohitim samo sebe in da sem svobodna.

R: Da se znebim dolga. Kaj je osnovna domneva tu zadaj? Da se nikoli ne bom znebila dolga in da sem zadolžena. Kaj si torej praviš vsak dan? „Sem zadolžena, sem zadolžena, sem zadolžena, sem zadolžena, sem zadolžena, sem zadolžena, sem zadolžena." Koliko vas je zadolženih?

Š: Verjetno smo vsi.

R: In koliko med vami vas to reče velikim navdušenjem in vnemo? (smeh)

Š: Jaz ne.

Š: Vnema. (smeh)

R: Dobro, torej ne ustvarjajte od tam. Ustvarjajte iz „Jaz sem denar". Ne skrbite v zvezi s tem, čemur pravite dolg. Po malem ga odplačujte. Želite si, da bi ga takoj odplačali; vzemite 10 % vsega, kar pride v vaše življenje, in dajte to za svoje dolgove. In sploh jim ne recite več dolgovi. Prisluhnite zvoku *dolgov*. Zvenijo res dobro, ha? Recite jim pretekli izdatki. (smeh)

Š: To bom naredila!

Š: To je odlično, to je res odlično.

R: Težko je reči „pretekli izdatki", ali ne? (smeh) Težko je reči „Sem v preteklih izdatkih". Vendar je „Odplačujem pretekle izdatke" lahko. Ali vidite, kako pridete iz dolga? Tukaj ne smemo zanemariti tudi vidika svobode. Domneva tu zadaj je, da nimate svobode, kar pomeni, da nimate moči, kar pomeni, da nimate izbire. Je to resnično res?

Š: Ne.

R: Ne. Izbrali ste svojo izkušnjo, vsako izkušnjo v svojem življenju, vsaka izkušnja v vašem življenju je bila o čem? Ustvarjanju večjega in večjega zavedanja znotraj vas. Nič, kar ste izbrali v preteklosti, ni imelo drugega namena kot to, da vas prebudi v resničnost in resnico o vas ali pa vas nocoj ne bi bilo tukaj. Prav?

Š: Ali lahko še enkrat ponovite to?

R: Nič, kar ste izbrali v svojem življenju, ni bilo z drugim razlogom kot tem, da vas prebudi v resnico tega, kar ste, ali pa nocoj ne bi bili tukaj. Kako pa to – ponovili smo besedo za besedo? (smeh). V redu. Torej tvoj naslednji pogled?

Š: Da bi živela preprostejše življenje.

R: Kakšen kup dreka je to? (smeh)

Š: Vem. (smeh) Vedela sem celo takrat, ko sem to zapisovala. (smeh)

R: Tukaj ni niti enega, ki bi si želel preprostejšega življenja, preprostejše življenje je zelo lahko – umrete! Potem imate preprosto življenje. (smeh) Smrt je preprosta; življenje, življenje je obilje izkušenj. Življenje je obilje vsega, življenje je obilje radosti, obilje lahkotnosti, obilje veličastnosti, je resničnost in resnica o vas. Ste neomejena energija, ste v popolnosti vse, iz česar je narejen ta svet, in vsakič, ko izberete, da ste denar, da ste zavedanje, da ste kontrola, da ste moč, da ste zavedanje, da ste kreativnost, spremenite ta fizični nivo v prostor, kjer lahko ljudje resnično živijo z absolutnim zavedanjem, absolutno radostjo in absolutnim obiljem. Ne samo vi, ampak so tudi vsa preostala bitja tukaj pod vplivom izbir, ki jih delate. Ker ste oni in oni so vi. In ko omilite svoje lastne preudarke, ko jih ne prenašate in z njimi ne zalagate drugih, ustvarjate lažji planet, bolj prebujeno in zavedno civilizacijo. In to, kar želite, to, kar ste želeli – prostor miru in radosti, se bo uresničilo. Vendar ste kreatorji tega vi, bodite v védenju tega, bodite radost tega in ohranite to.

Naj sedaj še enkrat ponovimo, kaj so vaša orodja, ko začutite energijo misli o denarju, ki prihajajo nad vas, in ko jih začutite, da pritiskajo noter – obrnite jih ven in jih potisnite iz sebe, dokler ponovno ne začutite prostora, ki ste. Potem boste vedeli, da ti občutki niste vi in da ste ustvarili to resničnost. Spomnite se, da vi ustvarjate vizijo tega, kar boste imeli, tako da s tem povezujete moč, energijo. In zavedajte se, da ta resničnost obstaja zato, ker ste jo mislili. Ni vam treba kontrolirati, kako pride tja, ste kontrola in zato se bo pojavila tako hitro, kot vam lahko obilno vesolje to priskrbi. In bo, ne sodite. Bodite vsak dan hvaležni za vsako stvar, ki ste jo ustvarili, bodite hvaležni, ko prejmete dolar, bodite hvaležni, ko prejmete petsto dolarjev, bodite hvaležni, ko prejmete pet tisoč dolarjev. Temu, čemur rečete dolgovi, recite pretekli izdatki, ne dolg. V svojem življenju ničesar ne dolgujete, ker ni preteklosti, ni prihodnosti, obstaja samo teh deset sekund, v katerih ustvarjate svoje življenje. Pred sebe postavite mantro „Vse življenje prihaja k meni lahkotno, radostno in veličastno". Zjutraj in zvečer desetkrat recite: „Jaz sem moč, jaz sem zavedanje, jaz sem kontrola, jaz sem kreativnost, jaz sem denar." Nekam, kjer ga boste videli in delili z drugimi, postavite zapis „Obilnemu vesolju dopuščam, da mi priskrbi množičnost priložnosti, vse oblikovane tako, da zaobjamejo in podprejo mojo rast, moje zavedanje in moj radostni izraz življenja". Bodite to, ker je to vaša resnica. In tako, dovolj za nocoj. Bodite denar v vsakem vidiku svojega življenja. Z ljubeznijo vas zapuščamo. Lahko noč.

ACCESS CONSCIOUSNESS®

VSE ŽIVLJENJE PRIHAJA K NAM LAHKOTNO, RADOSTNO IN VELIČASTNO!™

www.accessconsciousness.com

www.ingramcontent.com/pod-product-compliance
Lightning Source LLC
Chambersburg PA
CBHW081511200326
41518CB00015B/2466